MONIKA ROELL

Die Geltung der Grundrechte für Minderjährige

Schriften zum Öffentlichen Recht

Band 468

Die Geltung der Grundrechte
für Minderjährige

Von

Dr. Monika Roell

DUNCKER & HUMBLOT / BERLIN

CIP-Kurztitelaufnahme der Deutschen Bibliothek

Roell, Monika:
Die Geltung der Grundrechte für Minderjährige /
von Monika Roell. — Berlin: Duncker und Humblot, 1984.
  (Schriften zum Öffentlichen Recht; Bd. 468)
  ISBN 3-428-05633-7
NE: GT

Alle Rechte vorbehalten
© 1984 Duncker & Humblot, Berlin 41
Gedruckt 1984 bei Buchdruckerei A. Sayffaerth - E. L. Krohn, Berlin 61
Printed in Germany
ISBN 3-428-05633-7

Vorwort

Herzlich danken möchte ich Ekkehart Stein und Brunhilde Grießer, die mir als anregende und kritische Gesprächspartner wertvolle Hilfe für diese Arbeit leisteten. Ebenso danke ich Dagmar Depta, die das Manuskript geschrieben hat.

Für die Aufnahme der Arbeit in die Reihe „Schriften zum Öffentlichen Recht" danke ich Herrn Professor Dr. Dr. h. c. J. Broermann.

M. R.

Inhaltsverzeichnis

1. *Einleitung* 11
2. *Problemstellung und Terminologie* 14
3. *Grundrechtsfähigkeit* 15
   - 3.1 Literatur und Rechtsprechung zur Grundrechtsfähigkeit 15
   - 3.1.1 Herrschende Meinung 15
   - 3.1.2 Abweichende Ansicht 16
   - 3.2 Eigene Stellungnahme zur Grundrechtsfähigkeit 17
   - 3.2.1 Unterscheidung zwischen Grundrechtsfähigkeit und Grundrechtsmündigkeit 17
   - 3.2.2 Beginn der Grundrechtsfähigkeit Minderjähriger 21
4. *Grundrechtsmündigkeit* 23
   - 4.1 Problemstellung 23
   - 4.2 Literatur und Rechtsprechung zur Grundrechtsmündigkeit .. 24
   - 4.2.1 Beginn der Grundrechtsmündigkeit 24
   - 4.2.1.1 Grundthese 24
   - 4.2.1.2 Ausnahmen 25
   - 4.2.2 Begründung der vertretenen Ansichten 26
   - 4.2.2.1 Grundthese 26
   - 4.2.2.2 Ausnahmen 27
   - 4.2.2.2.1 Grundrechtsmündigkeit als Parallele zur bürgerlich-rechtlichen Geschäftsfähigkeit 28
   - 4.2.2.2.2 Grundrechtsmündigkeit als Ergebnis einer Interessen- und Güterabwägung 29
   - 4.2.2.2.3 Grundrechtsmündigkeit als Folge der Einsichtsfähigkeit des Minderjährigen 31
   - 4.3 Eigene Stellungnahme zur Grundrechtsmündigkeit 32
   - 4.3.1 Verfassungsinterpretation 32
   - 4.3.2 Praktische Konsequenzen 34
   - 4.3.2.1 Methodische Vorbemerkung 34

4.3.2.2	Fallgruppen	36
4.3.2.3	Allgemeine Lösungsansätze zu voranstehenden Fallgruppen	37
4.3.2.4	Die Grundrechte im einzelnen	41
4.3.2.5	Zwischenergebnis	47

5. Elternrecht und Selbstbestimmungsrecht des Minderjährigen 48

5.1	Einführung und Problemstellung	48
5.2	Inhalt des Elternrechts	49
5.3	Einfluß des Elternrechts auf die Grundrechtsausübung des Minderjährigen	50
5.4	Elterliches Sorgerecht als einfachgesetzliche Ausgestaltung des Zusammenspiels der Grundrechte des Minderjährigen und des Elternrechts	53

6. Prozessuale Konsequenzen 56

6.1	Problemstellung	56
6.2	Prozeßfähigkeit Minderjähriger im Zivilprozeß	56
6.3	Prozeßfähigkeit Minderjähriger im Verwaltungsprozeß	57
6.4	Prozeßfähigkeit Minderjähriger im Verfassungsbeschwerdeverfahren	58
6.5	Antragsrecht Minderjähriger im vormundschaftsgerichtlichen Verfahren	59
6.6	Kritik an der Rechtslage	61
6.6.1	Prozeßfähigkeit Minderjähriger im Verwaltungsprozeß	61
6.6.2	Erweiterte Prozeßfähigkeit im Verfassungsbeschwerdeverfahren	62
6.7	Eigene Lösungsansätze	63

7. Zusammenfassung 66

Literaturverzeichnis 68

Abkürzungsverzeichnis

a. A.	=	anderer Ansicht
Abs.	=	Absatz
AcP	=	Archiv für civilistische Praxis
Anm.	=	Anmerkung
AöR	=	Archiv des öffentlichen Rechts
Art.	=	Artikel
AuslG	=	Ausländergesetz
AsylVfG	=	Gesetz über das Asylverfahren
AuR	=	Arbeit und Recht
BayVBl	=	Bayerische Verwaltungsblätter
BayVerfGH	=	Entscheidungen des Bayerischen Verfassungsgerichtshofs
Bd.	=	Band
BetrVG	=	Betriebsverfassungsgesetz
BGB	=	Bürgerliches Gesetzbuch
BGH	=	Bundesgerichtshof
BGHZ	=	Entscheidungen des Bundesgerichtshofs in Zivilsachen
BT-Drucks.	=	Drucksachen des Deutschen Bundestages
BVerfG	=	Bundesverfassungsgericht
BVerfGE	=	Entscheidungen des Bundesverfassungsgerichts
BVerfGG	=	Gesetz über das Bundesverfassungsgericht
BVerwGE	=	Entscheidungen des Bundesverwaltungsgerichts
DB	=	Der Betrieb
d. h.	=	das heißt
DÖV	=	Die Öffentliche Verwaltung
DVBl	=	Deutsches Verwaltungsblatt
EheG	=	Ehegesetz
f./ff.	=	folgende/fortfolgende
FamRZ	=	Zeitschrift für das gesamte Familienrecht
FGG	=	Gesetz über die Angelegenheiten der freiwilligen Gerichtsbarkeit
Fn.	=	Fußnote
GG	=	Grundgesetz
h. M.	=	herrschende Meinung
i. V. m.	=	in Verbindung mit
JGG	=	Jugendgerichtsgesetz
JR	=	Juristische Rundschau
JZ	=	Juristenzeitung
Kap.	=	Kapitel
m.	=	mit
m. Hw.	=	mit Hinweis

m. w. Nw.	=	mit weiteren Nachweisen
NJW	=	Neue Juristische Wochenschrift
OLG	=	Oberlandesgericht
RdJ	=	Recht der Jugend
Rdnr.	=	Randnummer
RGBl	=	Reichsgesetzblatt
Rz.	=	Randzahl
S.	=	Seite
SGB	=	Sozialgesetzbuch
SHSchG	=	Schleswig-Holsteinisches Schulgesetz
Vorb./Vorbem.	=	Vorbemerkung
VwGO	=	Verwaltungsgerichtsordnung
VwVfG	=	Verwaltungsverfahrensgesetz
ZblJugR	=	Zentralblatt für Jugendrecht und Jugendwohlfahrt
ZPO	=	Zivilprozeßordnung
ZRP	=	Zeitschrift für Rechtspolitik
z. T.	=	zum Teil

1. Einleitung

Die Minderjährigen stellen ein Drittel der Gesamtbevölkerung der Bundesrepublik Deutschland. Aber nicht nur zahlenmäßig hat diese Bevölkerungsgruppe besonderes Gewicht. Die Minderjährigen von heute werden zukünftig einerseits ihren Privatbereich, andererseits auch die Gesamtgesellschaft eigenverantwortlich gestalten. Dabei wird ihr späteres Verhalten als Volljährige von den Erfahrungen bestimmt werden, die sie heute als Minderjährige machen. Das gilt sowohl für ihre Stellung in der Familie als auch für ihr Verhältnis zum Staat, der durch seine Reaktion auf jugendliche Verhaltensweisen deren Einstellung prägt.

Der Staat setzt sich gegenwärtig in der Regel nur dann mit den Problemen Jugendlicher auseinander, wenn gesellschaftliche oder rechtliche Normen überschritten werden. Resignation und Teilnahmslosigkeit berühren staatliche Interessen nicht. Eine unpolitische Jugend, die dem Staat gleichgültig gegenüber steht, ermöglicht die reibungslose Wahrnehmung staatlicher Aufgaben. Kriminalität, Alkohol- und Drogenmißbrauch hingegen widersprechen staatlichem Ordnungsdenken und veranlassen den Staat zum Eingreifen. Dabei stehen repressive Maßnahmen im Vordergrund. Offene Aggressionen Jugendlicher stellen staatliche Autorität am stärksten in Frage. Hausbesetzungen und Gewalttätigkeiten bei Großdemonstrationen werden als Auswüchse angesehen, die ein energisches Vorgehen erfordern. In der öffentlichen Diskussion wie in der Reaktion staatlicher Behörden stehen die Ursachen dieser jugendlichen Verhaltensweisen jedoch nicht im Mittelpunkt. Zentrale Aufmerksamkeit finden in diesem Zusammenhang vielmehr die Forderungen nach einer Verschärfung des Demonstrationsstrafrechts, einer wirksamen Ausrüstung der Polizei und verschärfter Kontrolle des einzelnen durch eine effektive Speicherung persönlicher Daten. Im Mittelpunkt stehen weniger gesamtgesellschaftliche Probleme als die Sorge um eine konsequente Durchsetzung des Rechts. Dieses Bemühen, der Rechtsordnung, insbesondere dem Grundgesetz, gerecht zu werden, findet auch Eingang in diese Arbeit. Dabei stehen allerdings nicht die rechtlichen Schranken, in denen sich Minderjährige bewegen, im Vordergrund, sondern deren verfassungsrechtlich verankerten Rechte.

Nach geltendem Recht sind die Eltern die Interessenvertreter der Minderjährigen. Ist damit die Rechtsstellung Minderjähriger ausreichend gesichert? Berücksichtigt man, in wievielen Familien die Beziehungen zwischen den einzelnen Familienmitgliedern gestört sind und eine Kommunikation kaum mehr stattfindet, und sieht man die hohe Zahl der durch Trennung und Ehescheidungen auseinander gerissenen Familien, so erheben sich Zweifel daran, ob die Eltern als alleinige Interessenvertreter ihrer Kinder geeignet sind. Es stellt sich deshalb die Frage, ob der Minderjährige selbst seine Interessen bzw. Rechte wahrnehmen oder sich einen Vertreter wählen kann.

Der Gesetzgeber hat die Rechte Minderjähriger, d. h. die Mündigkeitsgrenzen, für verschiedene Lebensbereiche differenziert geregelt. Dabei ist die allgemeine verfassungsrechtliche Frage der Grundrechtsgeltung für Minderjährige in den Hintergrund gerückt, obwohl allein die Antwort auf diese Frage den Rahmen für einfachgesetzliche Regelungen steckt. Vordringlich ist also zu prüfen, ob und in welchem Sinne die Grundrechte auch für Minderjährige gelten. Anlaß für die vorliegende Arbeit ist konkret die nahezu einhellig vertretene Auffassung in Literatur und Rechtsprechung, daß die Grundrechte nur ausnahmsweise auch Minderjährigen zur selbständigen Ausübung zustehen. Es verwundert, wie widerspruchslos diese Verfassungsinterpretation gerade in einer Zeit zunehmender Emanzipation Jugendlicher vertreten wird.

Betrachtet man die geltende Rechtslage einerseits und die Situation der Jugend andererseits, so fragt sich, welche Rolle der Jurist in diesem Zusammenhang spielen kann. Der Jurist, ob wissenschaftlich oder praktisch tätig, ist kaum in der Lage, gesellschaftspolitische Probleme zu lösen. Ausbildungs- und Arbeitsplatzmangel, Generationskonflikte wie auch eine allgemeine Unzufriedenheit in der Jugend lassen sich mit rechtlichen Mitteln nicht beheben. Aber der wissenschaftlich arbeitende Jurist kann rechtliche Grundlagen aufzeigen, die eine Anerkennung des Minderjährigen als vollwertigen Menschen ermöglichen. Er kann dem Minderjährigen durch die Forderung nach gesicherter Rechtsstellung gegenüber dem Staat wie gegenüber den Eltern die Chance eröffnen, im Bewußtsein rechtlicher Anerkennung und Vollwertigkeit mit vermehrtem Selbstbewußtsein und rechtlichem Rückhalt den eigenen Standort in der Gesellschaft zu finden. Hier obliegt dem Juristen die Aufgabe, mögliche und notwendige Wege für die Fortentwicklung der Rechtsordnung aufzuzeigen und Fehlentwicklungen entgegenzuwirken. Der praktisch tätige Jurist kann dafür Sorge tragen, daß im Rahmen der nach geltendem Recht bestehenden Spielräume die Anliegen Minderjähriger Gehör finden, ernstgenommen und einer adäquaten Lösung zugeführt werden.

Wenn im folgenden die Rechtsstellung Minderjähriger nach dem Grundgesetz in den Mittelpunkt einer juristischen Arbeit gestellt wird, so geschieht dies in dem Bewußtsein, daß sich diese Fragestellung an gesellschaftspolitischen Bedingungen und ihre Lösung an gesellschaftspolitischen Folgen orientieren muß. Nur die Einbeziehung der gelebten Verfassungswirklichkeit ermöglicht die Entwicklung rechtlicher Lösungen, die dem Wandel und der Entwicklung der Gesellschaft gerecht werden.

2. Problemstellung und Terminologie

Inhalt der Arbeit ist die Untersuchung der Frage, ob die Grundrechte für Minderjährige ebenso gelten wie für Erwachsene. Bei der Erörterung dieses Problems wird herkömmlich zwischen Grundrechtsfähigkeit und Grundrechtsmündigkeit des Minderjährigen unterschieden[1]. Dabei wird unter Grundrechtsfähigkeit — in Anlehnung an den bürgerlich-rechtlichen Begriff der Rechtsfähigkeit — die Fähigkeit verstanden, Träger von Grundrechten sein zu können[2]. Die Grundrechtsmündigkeit hat ihre Parallele in der Geschäftsfähigkeit bürgerlichen Rechts und beinhaltet die Fähigkeit, Grundrechte selbständig ausüben zu können[3].

Auf diese beiden Aspekte des „Habens" und des „Ausübens" eines Grundrechts ist im folgenden einzugehen. Dabei geht es zunächst darum, ob dem Minderjährigen gegenüber dem Staat die Grundrechte zustehen und er sie selbst ausüben kann. Davon zu trennen ist die Frage, ob mit den Grundrechten des Minderjährigen das Elternrecht aus Art. 6 Abs. 2 Satz 1 GG kollidieren kann und ob diese Kollision zu einer Beschränkung der Grundrechtsmündigkeit des Minderjährigen führt. Ein weiteres Problem ist darin zu sehen, daß sich das zivilrechtlich geregelte interne Eltern-Kind-Verhältnis beschränkend auf die Grundrechtsausübung des Minderjährigen auswirken könnte. Nur insoweit soll die bürgerlich-rechtliche Eltern-Kind-Beziehung in die Erörterung einbezogen werden.

---

[1] Vgl. *Stein*, Das Recht des Kindes auf Selbstentfaltung in der Schule, S. 28; *Fehnemann*, RdJ 1967, 281 (283); *Franke*, Grundrechte des Schülers und Schulverhältnis, S. 11; *Dürig*, in: Maunz / Dürig, Grundgesetz, Art. 19 Abs. III, Rdnr. 16; *v. Münch*, Grundgesetz-Kommentar, Art. 1 - 19, Vorb. Rdnr. 7 ff. und Rdnr. 11 ff.; *v. Mutius*, Jura 1983, 30 (31); zur Unterscheidung zwischen Grundrechtsfähigkeit und Grundrechtsmündigkeit im einzelnen vgl. Kap. 3.2.1.

[2] *Kuhn*, Grundrechte und Minderjährigkeit, S. 29; *Stein*, Das Recht des Kindes auf Selbstentfaltung in der Schule, S. 28; *Fehnemann*, RdJ 1967, 281 (283); *Franke*, Grundrechte des Schülers und Schulverhältnis, S. 11; *Düring*, in: Maunz / Dürig, Grundgesetz, Art. 19 Abs. III, Rdnr. 16; *v. Münch*, Grundgesetz-Kommentar, Art. 1 - 19, Vorb. Rdnr. 7; *v. Mutius*, Jura 1983, S. 30.

[3] *Stein*, Das Recht des Kindes auf Selbstentfaltung in der Schule, S. 28; *Franke*, Grundrechte des Schülers und Schulverhältnis, S. 13; *Dürig*, in: Maunz / Dürig, Grundgesetz, Art. 19 Abs. III, Rdnr. 16; *v. Münch*, Grundgesetz-Kommentar, Art. 1 - 19, Vorb. Rdnr. 11. Die Frage der selbständigen Ausübbarkeit von Grundrechten wird bisweilen auch nur der Sache nach, jedoch ohne Verwendung des Begriffs Grundrechtsmündigkeit erörtert, vgl. *Fehnemann*, RdJ 1967, 281 (282), m. w. Nw. in Anm. 13; kritisch zum Begriff der Grundrechtsmündigkeit äußert sich *Bosch*, FamRZ 1980, 739 (749).

3. Grundrechtsfähigkeit

3.1 Literatur und Rechtsprechung zur Grundrechtsfähigkeit

3.1.1 Herrschende Meinung

Mit dem Begriff der Grundrechtsfähigkeit soll eine Aussage darüber gemacht werden, wer Träger von Grundrechten sein bzw. wem Grundrechte zustehen können. Bei natürlichen Personen überschneiden sich die Voraussetzungen der Grundrechtsfähigkeit weitgehend mit denen der Rechtsfähigkeit nach bürgerlichem Recht (§ 1 BGB)[1]. Danach setzt die Grundrechtsfähigkeit grundsätzlich mit Vollendung der Geburt ein. Ab diesem Zeitpunkt ist der Mensch Träger der Grundrechte.

Die Voraussetzungen der Grundrechtsfähigkeit unterscheiden sich von denen der Rechtsfähigkeit einmal deshalb, weil Träger einiger Grundrechte nach dem Grundgesetz nicht alle rechtsfähigen Personen, sondern nur Deutsche sind (sog. „Deutschenrechte": Art. 8, 9, 11, 12 und 16 GG). Ausländer sind insoweit nicht grundrechtsfähig[2]. Weiter als die Rechtsfähigkeit geht der Geltungsbereich der Grundrechtsfähigkeit insofern, als nach h. M. Träger des Grundrechts auf körperliche Unversehrtheit (Art. 2 Abs. 2 GG) auch der „nasciturus" sein kann, dem Rechtsfähigkeit nach bürgerlichem Recht nicht zusteht[3].

Die Unterscheidung von Rechtsfähigkeit und Grundrechtsfähigkeit wird von Fehnemann abgelehnt[4]. Sie bezieht die Rechtsfähigkeit auf alle Rechtsgebiete einschließlich der Grundrechte und gelangt so zu der Aussage, daß es Grundrechtsfähigkeit im Sinne einer verfassungsrechtlichen Kategorie von Rechtsfähigkeit nicht geben könne[5]. Den unterschiedlichen Geltungsbereich der Grundrechtsfähigkeit und der

---

[1] *Dürig*, in: Maunz / Dürig, Grundgesetz, Art. 19 Abs. III, Rdnr. 10 f.
[2] *Dürig*, in: Maunz / Dürig, Grundgesetz, Art. 19 Abs. III, Rdnr. 10, Anm. 1.
[3] *Dürig*, in: Maunz / Dürig, Grundgesetz, Art. 2 Abs. II, Rdnr. 4 und 21; *v. Münch*, Grundgesetz-Kommentar, Art. 2, Rdnr. 39 m. w. Nw. Das BVerfG hat hier allerdings offengelassen, ob der „nasciturus" selbst grundrechtsfähig ist, oder ob er nur von den objektiven Normen in seinem Recht auf Leben geschützt wird, BVerfGE 39,1 (41); 45, 376 (386).
[4] *Fehnemann*, Die Innehabung und Wahrnehmung von Grundrechten im Kindesalter, S. 17 ff.
[5] *Fehnemann*, Die Innehabung und Wahrnehmung von Grundrechten im Kindesalter, S. 57.

Rechtsfähigkeit sieht sie insofern nicht als Gegenargument, als der Vergleich zwischen den entsprechenden einfachgesetzlichen und den grundrechtlichen Normen zeige, daß sich die Frage der engeren bzw. weiteren Rechtsfähigkeit hier wie dort stelle[6].

Die Grundrechtsfähigkeit knüpft an die in jedem Menschen vorhandenen geistigen Anlagen an[7]. Sie ist unabhängig von individueller Vernunft oder natürlicher Handlungsfähigkeit. „Wie die allgemeine Rechtsfähigkeit ist auch die Grundrechtsfähigkeit eine Rechtseigenschaft des potentiellen Dürfens, nicht eine natürlich-tatsächliche Eigenschaft des aktuellen Könnens[8]." Daraus erklärt sich, daß nach ganz herrschender Meinung der Mensch mit Vollendung der Geburt Grundrechtsfähigkeit erlangt[9].

3.1.2 Abweichende Ansicht

Abweichende Auffassungen zum Beginn der Grundrechtsfähigkeit vertreten Stein[10] und Reuter[11]. Stein unterscheidet bei Art. 2 Abs. 1 GG zwei Elemente, das Entfaltungsrecht und das Autonomierecht. Das Entfaltungsrecht schütze die Möglichkeit, die Persönlichkeit zu entfalten. Das Autonomierecht beinhalte den Schutz der Möglichkeit, „über das Ob und Wie der Entfaltung autonom zu bestimmen"[12]. Für dieses Autonomierecht beginnt nach Stein die Grundrechtsfähigkeit erst mit Schuleintritt bzw. mit der Vollendung des 7. Lebensjahres[13]. Stein begründet diese Einschränkung der Grundrechtsfähigkeit damit, daß die Respektierung der autonomen Willensbildung des einzelnen notwendig eine gewisse Reife voraussetze[14]. Stein wendet sich deshalb gegen den verfassungsrechtlichen Schutz des Willens Minderjähriger unter 7 Jah-

---

[6] *Fehnemann*, Die Innehabung und Wahrnehmung von Grundrechten im Kindesalter, S. 21 ff.; da Fehnemann aber Rechtsfähigkeit allen Menschen, Minderjährigen eingeschlossen, ohne Einschränkung zubilligt (siehe S. 18), kommt sie bezüglich des Beginns der Grundrechtsfähigkeit Minderjähriger zu keinem von der herrschenden Meinung abweichenden Ergebnis (siehe unten Fn. 9.).

[7] *Kuhn*, Grundrechte und Minderjährigkeit, S. 23.

[8] *Dürig*, in: Maunz / Dürig, Grundgesetz, Art. 19 Abs. III, Rdnr. 13.

[9] *Krüger*, FamRZ 1956, 329 (330); *Kuhn*, Grundrechte und Minderjährigkeit, S. 48; *Franke*, Grundrechte des Schülers und Schulverhältnis, S. 13; *Heckel / Seipp*, Schulrechtskunde, S. 258; *Fehnemann*, Die Innehabung und Wahrnehmung von Grundrechten im Kindesalter, S. 57: „Für die Innehabung eines Grundrechts ist Rechtsfähigkeit erforderlich und ausreichend"; *Dürig*, in: Maunz / Dürig, Grundgesetz, Art. 19 Abs. III, Rdnr. 18; vgl. auch BVerfGE 24, 119 (144).

[10] *Stein*, Das Recht des Kindes auf Selbstentfaltung in der Schule, S. 32 ff.

[11] *Reuter*, Kindesgrundrechte und elterliche Gewalt, S. 51 ff. (55).

[12] *Stein*, Das Recht des Kindes auf Selbstentfaltung in der Schule, S. 32.

[13] *Stein*, Das Recht des Kindes auf Selbstentfaltung in der Schule, S. 34.

[14] *Stein*, Das Recht des Kindes auf Selbstentfaltung in der Schule, S. 33.

ren. In diesem Alter sei das Kind daher nicht grundrechtsfähig für das Autonomierecht.

In eine ähnliche Richtung gehen die Ausführungen von Reuter zur Grundrechtsfähigkeit. Nach seiner Auffassung lassen sich Rechtsinhaberschaft und Ausübungsbefugnis bei den Grundrechten nicht unterscheiden, die die Selbstbestimmung des Menschen als solche schützen (insbesondere bei Art. 2 Abs. 1 GG)[15]. Daraus zieht Reuter den Schluß, daß sich bei den Grundrechten, die den Schutz der Handlungsfreiheit bezwecken, mangelnde geistige Reife beschränkend nicht auf die Grundrechtsmündigkeit, sondern allenfalls auf die Grundrechtsfähigkeit auswirken kann[16]. Wie diese mögliche Einschränkung der Grundrechtsfähigkeit aussehen soll, führt Reuter jedoch nicht aus.

3.2 Eigene Stellungnahme zur Grundrechtsfähigkeit

3.2.1 Unterscheidung zwischen Grundrechtsfähigkeit und Grundrechtsmündigkeit

Anschließend an die Ausführungen von Stein und Reuter ist zunächst der Frage nachzugehen, ob die Unterscheidung zwischen Grundrechtsfähigkeit und Grundrechtsmündigkeit überhaupt möglich ist. Die Grundrechte sind nach h. M. subjektive Rechte. Sie sind nicht nur Elemente der Gesamtrechtsordnung, sondern sie begründen für den einzelnen einklagbare subjektive Rechte, „eine dem öffentlichen Recht angehörige Willensmacht, die dem Willensträger in seinem eigenen Interesse verliehen ist"[17]. Ist bei den Grundrechten eine Unterscheidung zwischen „Haben" und „Ausüben" entsprechend den subjektiven Rechten des bürgerlichen Rechts denkbar? Eine Differenzierung zwischen dem „Haben" und dem „Ausüben" eines Rechts hat nur dann einen Sinn, wenn das „Haben" des Rechts einen Inhalt hat, dem neben dem „Ausüben" eigenständige Bedeutung zukommt. Es fragt sich jedoch, welchen Inhalt beispielsweise dem „Haben" der Meinungsäußerungsfreiheit nach Art. 5 Abs. 1 GG zukommt, wenn man die „Ausübung" der Meinungsäußerungsfreiheit davon trennt.

Auf die Trennung von „Haben" und „Ausüben" subjektiver Rechte geht Müller-Freienfels im Zusammenhang mit der gesetzlichen Vertretung Geschäftsunfähiger im Privatrechtsverkehr ein und stellt die Frage: „Welchen Sinn soll es haben, Inhaber von Rechten und Pflichten

---

[15] *Reuter*, Kindesgrundrechte und elterliche Gewalt, S. 53 ff.
[16] *Reuter*, Kindesgrundrechte und elterliche Gewalt, S. 53 ff.
[17] *Jellinek*, Verwaltungsrecht, S. 201.

zu sein, die von Anfang an allgemein nur durch einen anderen begründet und ausgeübt werden können? ... Was bedeutet das bloße ‚Haben', ‚Innehaben' subjektiver Rechte, ohne selbst über sie verfügen zu können[18]?" Müller-Freienfels hält es für verfehlt, die Lösung des Problems darin zu sehen, daß man den Begriff des subjektiven Rechts vom Willen des Rechtssubjekts (des zur Ausübung der Willensmacht unfähigen Minderjährigen) unabhängig faßt und beispielsweise wie Haff das subjektive Recht definiert „als eine rechtlich geschützte Willensmacht des Rechtssubjekts selbst oder eine rechtlich geschützte Willensmacht, die für das Rechtssubjekt wirkt"[19]. Dagegen argumentiert Müller-Freienfels: „Würde der Staat für alle Staatsangehörigen so sorgen, wie es der Vormund für das Mündel tut, indem er ihnen die Selbstbestimmung ihrer Rechte aus der Hand nähme, so wäre den Staatsangehörigen mit der Handlungsfähigkeit auch die Rechtsfähigkeit, also die Eigenschaft, Persönlichkeit im Rechtssinne zu sein, entzogen. Es handelt sich dann statt um subjektives ausschließlich um objektives Recht[20]." Müller-Freienfels hält es aber auch mit dem Begriff des Rechtssubjekts für unvereinbar, das Problem der subjektiven Rechte des Geschäftsfähigen dadurch zu beseitigen, daß nicht das Mündel, sondern der Vormund als Rechtsträger angesehen wird[21].

Auch im speziellen Zusammenhang mit der Grundrechtsmündigkeit Minderjähriger wird die Unterscheidung zwischen dem „Haben" (Grundrechtsfähigkeit) und dem „Ausüben" (Grundrechtsmündigkeit) in Frage gestellt[22]. So führt Kittner aus: „Grundsätzlich ist nämlich davon auszugehen, daß bei der Zugrundelegung der gängigen Unterscheidung zwischen Haben und Ausüben eines Rechtes beides in der Person des Rechtsträgers zusammentrifft, daß der Rechtsträger sein Recht auch selbständig ausüben kann[23]." Aus diesem Grundsatz leitet Kittner ab, daß an die Zubilligung des Habens, der Rechtsträgerschaft, die Vermutung des Ausübenkönnens geknüpft sei[24]. Eine Ausnahme davon läßt sich nach seiner Ansicht nicht aus dem dem Zivilrecht entstammenden Begriff der Minderjährigkeit herleiten, da man diesen unterverfassungsrechtlichen Begriff nicht als Legitimation für eine

---

[18] *Müller-Freienfels*, Die Vertretung beim Rechtsgeschäft, S. 155 f.
[19] *Haff*, Institutionen des deutschen Privatrechts, § 11 Abs. 1 Satz 1 (S. 35).
[20] *Müller-Freienfels*, Die Vertretung beim Rechtsgeschäft, S. 157.
[21] *Müller-Freienfels*, Die Vertretung beim Rechtsgeschäft, S. 159 ff. m. w. Nw.
[22] Vgl. z. B. *Steffen*, RdJ 1971, 143: „Grundrechte lassen sich nicht ohne Beeinträchtigung ihres materialen Gehalts in subjektive Rechte und funktional selbständige Ausübungsbefugnisse zergliedern."
[23] *Kittner*, AuR 1971, 280 (284).
[24] *Kittner*, AuR 1971, 280 (284); dieser Argumentation schließt sich entgegen der herrschenden Meinung auch *Schwerdtner*, AcP 173 (1973), 227 (236) an.

3.2 Eigene Stellungnahme

Ausnahme gegenüber einer aus der Verfassung erwachsenden Regel heranziehen könne.

Reuter geht davon aus, daß die rechtlich geschützte Willensmacht den Inhalt, der rechtliche Schutz des Interesses den Zweck des subjektiven Rechts darstelle[25]. Daraus entwickelt er zwei Voraussetzungen für die Trennung von „Haben" und „Ausüben" des subjektiven Rechts. „Sie verlangt einmal, daß das Interesse, dessen Schutz durch das jeweilige subjektive Recht bezweckt wird, ‚für den Unmündigen im wesentlichen ebenso wertvoll wie für den Mündigen ist'... Zum anderen muß das zu befriedigende Interesse ‚seiner Natur nach sowohl' durch den Schutz der Willensmacht des Berechtigten ‚als auch' durch die gesetzliche Vertretung befriedigt werden ‚können'[26]." Beide Voraussetzungen sieht Reuter bei den Grundrechten, die die Selbstbestimmung des Menschen als solche schützen (insbesondere Art. 2 Abs. 1 GG) nicht als erfüllt an. Einmal sei der Schutzgegenstand hier für den Unmündigen nicht so wertvoll, wie für den Mündigen, weil sich mangels Reife die Handlungsfreiheit auf die Dauer zum Schaden des Unmündigen auswirken werde. Zum anderen sei die Ausübung des Rechts durch einen anderen Rechtsträger ausgeschlossen. „Dem einzelnen Handlungsfreiheit mittels Bevormundung gewährleisten zu wollen, wäre in sich widersprüchlich[27]." Reuter hält deshalb eine Trennung von „Haben" und „Ausüben" dann für undurchführbar, wenn das Grundrecht die Handlungsfreiheit als solche schützt.

Entscheidend scheint hier zu sein, ob man das subjektive Recht ausschließlich als „rechtlich geschützte Willensmacht" ansieht[28] oder als „rechtlich geschütztes Interesse"[29]. Geht man von letzterem aus, oder legt man dem subjektiven Recht beide Aspekte zugrunde[30], so läßt sich die Unterscheidung zwischen dem „Haben" und dem „Ausüben" des subjektiven Rechts begründen. Dem geschützten Interesse des Rechtsträgers kann unter Umständen auch dadurch genügt werden, daß ein anderer Rechtsträger die Willensmacht ausübt. Dann beinhaltet das „Haben" des subjektiven Rechts den Schutz des Interesses. Mit Reuter ist davon auszugehen, daß ein inhaltlicher Grund hinzukommen muß, der die Ausübung der Willensmacht durch einen anderen Rechts-

---

[25] *Reuter*, Kindesgrundrechte und elterliche Gewalt, S. 52 m. Hw. auf Enneccerus / Nipperdey, Allgemeiner Teil des Bürgerlichen Rechts, Erster Halbband, § 72 (S. 428 ff.).
[26] *Reuter*, Kindesgrundrechte und elterliche Gewalt, S. 53.
[27] *Reuter*, Kindesgrundrechte und elterliche Gewalt, S. 54.
[28] Vgl. *Windscheid / Kipp*, Lehrbuch des Pandektenrechts, Bd. 1, § 37, S. 155 f.
[29] *Jhering*, Geist des römischen Rechts, Bd. III, §§ 60, 61, S. 329 ff.
[30] Für die heute h. M. *Enneccerus / Nipperdey*, Allgemeiner Teil des Bürgerlichen Rechts, Erster Halbband, § 72 (S. 428 ff.).

träger rechtfertigt. Hier ließe sich das Schutzbedürfnis des Minderjährigen anführen. Soweit es der Schutz des Minderjährigen verlangt, daß seine Rechte durch den gesetzlichen Vertreter ausgeübt werden, rechtfertigt sich somit auch die Unterscheidung zwischen Grundrechtsfähigkeit und Grundrechtsmündigkeit[31].

Die Unterscheidung zwischen dem „Haben" und dem „Ausüben" eines dem Minderjährigen zustehenden Grundrechts ist demnach dann gerechtfertigt, wenn einerseits überhaupt dem grundrechtlich geschützten Interesse des Rechtsträgers dadurch genügt werden kann, daß der gesetzliche Vertreter es ausübt, andererseits der Schutz des Minderjährigen die Ausübung des Grundrechts durch den gesetzlichen Vertreter erforderlich macht. Auf ersteren Punkt ist im folgenden einzugehen. Ob und inwieweit der Schutz des Minderjährigen die Ausübung seiner Grundrechte durch seinen gesetzlichen Vertreter verlangt, ist an anderer Stelle zu überprüfen[32].

Können alle Grundrechte ihrer Natur nach auch durch einen anderen als den Grundrechtsträger selbst ausgeübt werden? Wie steht es insbesondere um das Autonomierecht nach Stein? Er definiert das Autonomierecht als Recht zur Aktualisierung der Entfaltungsfreiheit[33]. Nach Stein kann das Autonomierecht (im Gegensatz zum Entfaltungsrecht) — wenn überhaupt — nur durch das Kind selbst ausgeübt werden. „Die Bestimmung des Ob und Wie der Selbstentfaltung des Kindes durch die Eltern ist keine Wahrnehmung von dessen Autonomierecht, weil die — notwendig heteronome — Wahrnehmung des Autonomierechts durch einen Vertreter ein Widerspruch in sich wäre[34]." Nach voranstehend festgestellten Kriterien lassen sich deshalb — wenn man wie Stein zwischen Entfaltungs- und Autonomierecht unterscheidet — bei letzterem Grundrechtsfähigkeit und Grundrechtsmündigkeit nicht trennen. Dies wird auch bei Stein deutlich, wenn er feststellt: „Die Grundrechtsfähigkeit für das Autonomierecht, die Autonomiefähigkeit, beginnt daher erst zu dem Zeitpunkt, da das Kind sein Autonomierecht geltend machen kann ...[35]." Ist das Recht zur Ausübung des Autonomierechts nicht gegeben, so bleibt für eine Autonomiefähigkeit kein Inhalt mehr.

---

[31] Nicht überzeugend ist insoweit das von *Reuter*, Kindesgrundrechte und elterliche Gewalt, S. 53, entwickelte Kriterium, daß „das Interesse, dessen Schutz durch das jeweilige subjektive Recht bezweckt wird, für den Unmündigen ebenso wertvoll wie für den Mündigen ist". Wie wertvoll das Interesse des Unmündigen ist, wird sich im Zweifel danach bestimmen, für wie wertvoll es derjenige hält, der über den Wert entscheidet (hier der Mündige).

[32] Siehe unten Kap. 5.3.

[33] *Stein*, Das Recht des Kindes auf Selbstentfaltung in der Schule, S. 20.

[34] *Stein*, Das Recht des Kindes auf Selbstentfaltung in der Schule, S. 34.

[35] *Stein*, Das Recht des Kindes auf Selbstentfaltung in der Schule, S. 34.

Abschließend ist festzuhalten, daß bei Art. 2 Abs. 1 GG zwischen „Haben" und „Ausüben" dieses Grundrechts nicht immer unterschieden werden kann. Diese Untrennbarkeit von Grundrechtsfähigkeit und Grundrechtsmündigkeit ist jedoch auf das von Stein definierte Autonomierecht zu begrenzen. Entgegen Reuter ist auch im Rahmen von Art. 2 Abs. 1 GG denkbar, beides zu unterscheiden, wenn man berücksichtigt, daß die freie Entfaltung des Minderjährigen auch von einem anderen als dem Rechtsträger selbst bei staatlichen Übergriffen geltend gemacht werden kann. Auch soweit sich Grundrechtsfähigkeit und Grundrechtsmündigkeit nicht unterscheiden lassen, ist jedoch die inhaltliche Frage der Grundrechtsgeltung für Minderjährige nicht beantwortet. Die Problematik verlagert sich lediglich. Was andere Autoren unter dem Stichwort „Grundrechtsmündigkeit" erörtern, behandeln Stein und Reuter unter der Überschrift „Grundrechtsfähigkeit".

3.2.2 Beginn der Grundrechtsfähigkeit Minderjähriger

Es ist deshalb hier in einem zweiten Schritt zu fragen, ob der Vorschlag von Stein, die Autonomiefähigkeit erst mit Vollendung des 7. Lebensjahres beginnen zu lassen, wirklich erforderlich und wünschenswert ist. Verdient der Wille des unter 7jährigen tatsächlich keinen verfassungsrechtlichen Schutz?

Die Fähigkeit, die Vor- und Nachteile der autonomen Willensbildung einschätzen zu können, läßt sich kaum mittels einer starren Altersgrenze auf das 7. Lebensjahr festlegen. Auch ist diese Fähigkeit nicht plötzlich da, sondern sie muß erlernt werden. Dieser Lernprozeß aber, in dem das Kind die Bildung und Durchsetzung seines Willens praktizieren können muß, steht ebenfalls unter grundrechtlichem Schutz. Das Selbstbestimmungsrecht des Kindes hat auch (gerade) in den ersten Lebensjahren große Bedeutung, die nicht nur respektiert werden sollte, sondern die auch verfassungsrechtlich schützenswert ist. Diese Ansicht wird auch von Fehnemann vertreten: „Wenn auch der Wille des Kindes durchaus nicht immer maßgeblich sein kann, so ist doch die Entfaltung des Willens ein so wichtiger Bestandteil der Persönlichkeitsentfaltung, daß es unvertretbar ist, eine entsprechende Grundrechtsfähigkeit und damit eine Schutzmöglichkeit vor unberechtigter Einflußnahme des Staates erst mit dem 7. Lebensjahr beginnen zu lassen[36]." Steffen[37] führt dazu aus, daß der auf den Erwerb der Autonomiefähigkeit gerichtete Bildungs- und Erziehungsprozeß Bestandteil der Garantie der Menschenwürde und selbst für das Menschenbild des Grundge-

---

[36] *Fehnemann*, RdJ 1967, 281 (282).
[37] *Steffen*, RdJ 1971, 143 (144).

setzes mitbestimmend sei. Er stellt weiter fest: „In diesen Lebensabschnitten, in denen die Persönlichkeit sich am stärksten entfaltet und festlegt, sind die Grundfreiheiten wie sonst kaum noch in der Bewährung; ihre Bedeutung für das Individuum und für die staatliche Gemeinschaft wird vor allem hier entschieden[38]." Der Ansicht, daß der Wille der sich erst entfaltenden und festigenden Persönlichkeit rechtliche Beachtung finden müsse, hat sich auch der Gesetzgeber mit der Neufassung des § 1626 II BGB vom 18. 7. 1979 angeschlossen, in der es nun heißt: „Bei der Pflege und Erziehung berücksichtigen die Eltern die wachsende Fähigkeit und das wachsende Bedürfnis des Kindes zu selbständigem verantwortungsbewußtem Handeln." Es ist deshalb mit der h. M. davon auszugehen, daß der Mensch grundsätzlich mit Vollendung der Geburt die Grundrechtsfähigkeit erlangt[39].

---

[38] *Steffen*, RdJ 1971, 143 (144).
[39] Zu den Ausnahmen siehe oben Kap. 3.1.1.

4. Grundrechtsmündigkeit

4.1 Problemstellung

Unter dem Stichwort „Grundrechtsmündigkeit" wurde bisher in erster Linie die Frage erörtert, wie die Abgrenzung des Elternrechts vom Selbstbestimmungsrecht des Kindes zu erfolgen hat[1]. Nach Dürig geht es hier „ausschließlich um die Abgrenzung der Befugnisse der Eltern und des Selbstbestimmungsrechts des Kindes"[2]. Anderen Autoren zufolge geht es hingegen allein um „die Maßgeblichkeit des Willens eines Kindes gegenüber dem Staat, nicht gegenüber den Eltern"[3].

Ob hier der Schwerpunkt der Problematik eher auf das Verhältnis zwischen dem Minderjährigen und dem Staat oder auf die Beziehung zwischen Eltern und Kindern zu setzen ist, hängt davon ab, ob man eine unmittelbare Grundrechtsgeltung im Privatrechtsverkehr annimmt, d. h. ob man die Grundrechte für die Abgrenzung zwischen elterlichem Erziehungsrecht und dem Selbstbestimmungsrecht des Kindes heranzieht. Letztere Auffassung wird z. B. von Krüger vertreten, die von einer Kollision der Grundrechte Minderjähriger und dem „Grundrecht der elterlichen Gewalt" ausgeht[4]. Von der h. M. wird jedoch eine unmittelbare Drittwirkung der Grundrechte abgelehnt. Befürwortet wird hingegen eine mittelbare Grundrechtsgeltung in dem Sinn, daß die Grundrechte eine objektive Wertordnung bilden, die als verfassungsrechtliche Grundentscheidung für alle Bereiche des Rechts gilt[5]. Diese mittelbare Drittwirkung läßt sich aus Art. 1 Abs. 3 GG her-

---

[1] *Krüger*, FamRZ 1956, 329 ff.; *Perschel*, Die Meinungsfreiheit des Schülers, S. 80, formuliert die Frage nach der Grundrechtsmündigkeit so, „ob ein Jugendlicher sich selbständig auf seine Grundrechte berufen kann oder ob er dazu die Zustimmung seines gesetzlichen Vertreters braucht"; s. a. *Gernhuber*, FamRZ 1962, 89 (91); *Woltereck*, AuR 1965, 193 (194); *Leuschner*, Das Recht der Schülerzeitungen, S. 76 f.; *Dürig*, in: Maunz / Dürig, Grundgesetz, Art. 19 Abs. III, Rdnr. 18.

[2] *Dürig*, in: Maunz / Dürig, Grundgesetz, Art. 19 Abs. III, Rdnr. 18.

[3] *Stein*, Das Recht des Kindes auf Selbstentfaltung in der Schule, S. 28; *Fehnemann*, RdJ 1967, 281 (286) will zumindest unterscheiden „zwischen der Berechtigung eines Minderjährigen, sich auf ein bestimmtes Grundrecht gegenüber dem Staat zu berufen und der Berechtigung der Eltern, aus erzieherischen Gründen auf Inhalt und Gehalte, die der Ausübung des Grundrechts zugrunde liegen, einzuwirken."; s. a. *Franke*, Grundrechte des Schülers und Schulverhältnis, S. 16.

[4] *Krüger*, FamRZ 1956, 329 (331).

leiten, wonach der Gesetzgeber und die Rechtsprechung an die Grundrechte gebunden sind. Berücksichtigt man, daß Krüger die unmittelbare Drittwirkung der Grundrechte befürwortet, so erklärt sich daraus, daß sie den Schwerpunkt der Problematik in dem Verhältnis zwischen Eltern und Kindern sieht. Andererseits verwundert es, wenn Autoren wie Dürig und Kuhn, die die unmittelbare Drittwirkung der Grundrechte explizit ablehnen[6], den Schwerpunkt ebenso setzen.

Mit der h. M. wird auch in der vorliegenden Arbeit eine unmittelbare Grundrechtsgeltung im Verhältnis zwischen Eltern und Kindern nicht angenommen. Dementsprechend ist die Frage nach der Grundrechtsmündigkeit danach zu stellen, ob der Minderjährige seine Grundrechte im Verhältnis zum Staat selbständig ausüben kann. Auf das Elternrecht aus Art. 6 Abs. 2 GG und den möglichen grundrechtsbeschränkenden Einfluß der Eltern aufgrund des elterlichen Sorgerechts aus §§ 1626 ff. BGB soll erst an späterer Stelle eingegangen werden[7].

4.2 Literatur und Rechtsprechung zur Grundrechtsmündigkeit

4.2.1 Beginn der Grundrechtsmündigkeit

4.2.1.1 Grundthese

Die herrschende Meinung in der Literatur geht davon aus, daß der Mensch grundsätzlich mit Eintritt der Volljährigkeit grundrechtsmündig wird[8]. Das heißt, daß der Mensch erst ab diesem Zeitpunkt seine Grundrechte selbständig ausüben kann. Auch in der Rechtsprechung wird diese These vertreten. So formuliert der BGH: „In der Rechtsprechung hat eine besondere Grundrechtsmündigkeit bisher keine Anerkennung gefunden[9]."

---

[5] *Hesse*, Grundzüge des Verfassungsrechts, § 11 II 2 (Rdnr. 351 ff.); *Stein*, Staatsrecht, § 24 II 2 (S. 254); *Maunz / Zippelius*, Deutsches Staatsrecht, § 18 II (S. 133 ff.); *v. Münch*, Grundgesetz-Kommentar, Art. 1 - 19, Vorb. Rdnr. 31 m. w. Nw.; BVerfGE 7, 198 ff. (204 - 208); a. A. z. B. *Krüger*, FamRZ 1956, 329 (330); *Nipperdey*, DVBl 1958, 445 (447).
[6] *Dürig*, in: Maunz / Dürig, Grundgesetz, Art. 19 Abs. III, Rdnr. 18; *Kuhn*, Grundrechte und Minderjährigkeit, S. 59 ff.
[7] Siehe unten Kap. 5.
[8] *Tilch*, Der Rechtsschutz gegen Verwaltungsakte in der Schule, S. 31; *Groß*, RdJ 1965, 149 (150); *Stein*, Das Recht des Kindes auf Selbstentfaltung in der Schule, S. 31; *Reuter*, Kindesgrundrechte und elterliche Gewalt, S. 185: „De lege lata werden sämtliche Rechte, auch die Grundrechte des noch nicht 21jährigen grundsätzlich von den Eltern ausgeübt"; auch *Fehnemann*, Die Innehabung und Wahrnehmung von Grundrechten im Kindesalter, S. 58 geht davon aus, daß Grundrechtsmündigkeit nicht allgemein gefordert werden könne, weil es sich bei ihr um altersgebundene Handlungsfähigkeit handle.
[9] BGH NJW 1974, 1947 (1949) m. Hw. auf BGHZ 21, 340 (352).

Die Gegenthese wird von Hesse vertreten: „Daß Minderjährige in der Innehabung und Ausübung von Grundrechten allgemein beschränkt seien oder daß zur Ausübung von Grundrechten allgemein neben der ‚Grundrechtsfähigkeit' auch ‚Grundrechtsmündigkeit' erforderlich sei, läßt sich verfassungsrechtlich nicht begründen[10]."

4.2.1.2 Ausnahmen

Von dieser Grundthese werden verschiedene Ausnahmen gemacht. Zunächst weisen einige Autoren auf spezialgesetzliche Normen hin, die die selbständige Ausübbarkeit eines Grundrechts vor die Volljährigkeitsgrenze verlegen. Zu nennen ist hier insbesondere § 5 des Gesetzes über die religiöse Kindererziehung[11]. Danach darf ein Kind ab dem 12. Lebensjahr nicht mehr gegen seinen Willen in einem anderen als dem bisherigen Bekenntnis erzogen werden. Ab dem 14. Lebensjahr darf es selbst entscheiden, „zu welchem religiösen Bekenntnis es sich halten will".

Andere Autoren machen für einzelne Grundrechte von der Grundthese der Grundrechtsunmündigkeit Minderjähriger Ausnahmen. Dem liegt die Auffassung zugrunde, daß die Grundrechtsmündigkeit für jedes Grundrecht gesondert zu prüfen sei[12]. Die von Stein für Art. 2 Abs. 1 GG eingeführte beschränkte Grundrechtsmündigkeit[13], die von Franke übernommen wird[14], gibt dem Minderjährigen das Recht, dieses Grundrecht mit Zustimmung seines gesetzlichen Vertreters selbst geltend zu machen. Dabei will Stein für Art. 2 Abs. 1 GG die beschränkte Grundrechtsmündigkeit mit Eintritt des Kindes in die Schule ansetzen[15]. Im Bereich von Art. 5 Abs. 1 GG kommt Perschel zu dem Ergebnis, daß der Minderjährige für die Meinungsäußerungsfreiheit „von vornherein" grundrechtsmündig sei[16]. Leuschner hält Jugendliche zumindest im Schulverhältnis für grundrechtsmündig im Hinblick auf Art. 5 Abs. 1

---

[10] *Hesse*, Grundzüge des Verfassungsrechts, § 9 II 2 (Rdnr. 285); auch *Fehnemann*, Die Innehabung und Wahrnehmung von Grundrechten im Kindesalter, S. 58 lehnt die Grundrechtsmündigkeit als eine von der einfachgesetzlichen Mündigkeit abgehobene Kategorie ab, ohne allerdings damit Minderjährigen allgemein die selbständige Grundrechtsausübung zugestehen zu wollen.

[11] Gesetz vom 15. 7. 1921 (RGBl 939).

[12] Vgl. *Perschel*, Die Meinungsfreiheit des Schülers, S. 86; *Leuschner*, Das Recht der Schülerzeitungen, S. 77; *Stein*, Das Recht des Kindes auf Selbstentfaltung in der Schule, S. 28; *Franke*, Grundrechte des Schülers und Schulverhältnis, S. 16; *Dürig*, in: Maunz / Dürig, Grundgesetz, Art. 19 Abs. III, Rdnr. 16.

[13] *Stein*, Das Recht des Kindes auf Selbstentfaltung in der Schule, S. 30 f.

[14] *Franke*, Grundrechte des Schülers und Schulverhältnis, S. 19; auch *Woltereck*, AuR 1965, 193 (196) verwendet den Begriff der „beschränkten Grundrechtsmündigkeit".

[15] *Stein*, Das Recht des Kindes auf Selbstentfaltung in der Schule, S. 31.

[16] *Perschel*, Die Meinungsfreiheit des Schülers, S. 87.

GG[17]. Zum Teil wird dem Minderjährigen auch für Art. 9 Abs. 3 GG Grundrechtsmündigkeit zugestanden. Der minderjährige Arbeitnehmer kann danach auch ohne Zustimmung seiner gesetzlichen Vertreter in die Gewerkschaft eintreten[18].

Ausnahmen von der Grundthese werden auch für besondere Lebensbereiche gemacht. So will Krüger die Grundrechtsmündigkeit vorverlegen, soweit der Jugendliche im Rahmen eines „besonderen Pflichtenkreises" steht (insbesondere im Arbeits- und Schulverhältnis)[19]. Franke stellt fest, daß der Minderjährige für den rein schulischen Bereich grundrechtsmündig sei[20]. Einige Autoren wollen den Beginn der Grundrechtsmündigkeit für die Fälle vorverlegen, in denen es um sogenannte „höchstpersönliche Entscheidungen" geht[21]. Wieder andere postulieren Grundrechtsmündigkeit vor Volljährigkeit allgemein für den nichtrechtsgeschäftlichen Bereich der Grundrechtsausübung[22].

4.2.2 Begründung der vertretenen Ansichten

4.2.2.1 Grundthese

Die Ansicht der herrschenden Meinung, wonach erst der Volljährige in vollem Umfang grundrechtsmündig sei, wird unterschiedlich begründet. Mit verschiedenen Argumenten wird versucht deutlich zu machen, daß das Alter für das Recht zur selbständigen Grundrechtsausübung ein notwendiges Differenzierungskriterium sei.

Nach Klein. stellt die Grundrechtsmündigkeit eine immanente persönliche Gewährleistungsschranke dar, da hier ein bestimmtes Lebens-

---

[17] *Leuschner*, Das Recht der Schülerzeitungen, S. 78 m. Hw. auf *Krüger*, FamRZ 1956, 329 (332).

[18] *Kuhn*, Grundrechte und Minderjährigkeit, S. 93 m. w. Nw. in Fn. 135; *Kube*, DB 1968, 1126; vgl. dazu auch Kap. 4.3.2.4.

[19] *Krüger*, FamRZ 1956, 329 (332).

[20] *Franke*, Grundrechte des Schülers und Schulverhältnis, S. 18; vgl. auch BayVerfGH 33, 33 (36) zur Rechtsstellung der Schüler: „Sie sind grundrechtsfähig und grundrechtsmündig."

[21] Vgl. dazu *Stein*, Das Recht des Kindes auf Selbstentfaltung in der Schule, S. 32: „Man kann hieraus den allgemeinen Grundsatz ableiten, daß in allen Angelegenheiten, die einen ähnlich höchstpersönlichen Charakter tragen wie die Religionszugehörigkeit, die bestehenden Verhältnisse gegen den Willen des Kindes schon nach Vollendung seines 12. Lebensjahres nicht mehr verändert werden dürfen."; w. Nw. siehe unten Kap. 5.4.

[22] *Kuhn*, Grundrechte und Minderjährigkeit, S. 48; s. a. *Fehnemann*, Die Innehabung und Wahrnehmung von Grundrechten im Kindesalter, S. 35 f. für die Rechte, die „für sich gesehen nicht auf das Hervorbringen von Rechtswirkungen zielen"; a. A. *Reuter*, Kindesgrundrechte und elterliche Gewalt, S. 66 f., der die Unterscheidung zwischen rechtswirksamem und natürlichem Handeln in Frage stellt, da auch im letzteren Fall für den Minderjährigen nachteilige Folgen eintreten könnten.

alter für „das Zustehen eines Grundrechts" vorausgesetzt werde[23]. Demnach wäre die Volljährigkeit eine ungeschriebene Voraussetzung der Verfassung dafür, daß einem Menschen das Grundrecht zur selbständigen Ausübung zustünde[24]. Für andere Autoren folgt „aus der Natur der Sache", daß Grundrechte nicht altersunabhängig von jedem Menschen selbständig wahrgenommen werden können. So führt Dürig aus: „Daß vom Begriff der Grundrechtsmündigkeit natürliche Fähigkeiten und Eigenschaften des eigenen Könnens vorausgesetzt werden, ist selbstverständlich[25]." Ähnlich argumentiert Schwerdtner: „Während jeder Mensch von Beginn seiner Existenz an ‚Träger', Subjekt von Rechten und Grundrechten ist, kann er — dies folgt aus der Natur der Sache — diese seine Rechte doch erst nach Erreichung gewisser Altersschwellen selbst aktiv ausüben[26]."

Zur Begründung der These der herrschenden Meinung wird auch auf die Menschenwürde zurückgegriffen. So führt Reuter aus: „Da das Recht auf Handlungsfreiheit dem Begünstigten die Befugnis gibt, seine Interessen selbst wahrzunehmen, muß es an die Fähigkeit des Rechtsträgers anknüpfen, seine Belange auch wirksam zu vertreten. Fehlt diese Fähigkeit, so ändert sich die Forderung der Menschenwürde; sie verlangt nicht mehr Autonomie, sondern Fürsorge nach heteronomen Maßstäben[27]."

4.2.2.2 Ausnahmen

Wie die Grundthese, so wird auch die Grenzziehung der ausnahmsweise vorverlegten Grundrechtsmündigkeit unterschiedlich begründet. Dabei lassen sich die angeführten Argumentationen in drei Gruppen zusammenfassen. Es wird hier auf die bürgerlich-rechtlichen Vorschriften über die Geschäftsfähigkeit zurückgegriffen, es wird die Grenze der Grundrechtsmündigkeit aus einer Güter- und Interessenkollision zwischen Eltern- und Kindesrechten hergeleitet und es wird auf die Einsichtsfähigkeit des Minderjährigen abgestellt.

---

[23] *v. Mangoldt / Klein*, Das Bonner Grundgesetz, Vorbem. B XV 2c (S. 127 f.).
[24] a. A. ausdrücklich *Kittner*, AuR 1971, 280 (284) und *Steffen*, RdJ 1971, 143 (144).
[25] *Dürig*, in: Maunz / Dürig, Grundgesetz, Art. 19 Abs. III, Rdnr. 16.
[26] *Schwerdtner*, AcP 173 (1973), 227 (228 f.); ähnlich auch *Reuter*, Kindesgrundrechte und elterliche Gewalt, S. 50, der von „verschiedenen natürlichen Voraussetzungen, die Mündige und Unmündige für die Teilnahme am Rechtsverkehr mitbringen" spricht; vgl. auch *Woltereck*, AuR 1965, 193 (196), nach dessen Ansicht „aus der Natur der Sache heraus" das Elternrecht die Befugnis einschließe, die Persönlichkeit des Kindes zu bilden, damit auch hemmend in die freie Entfaltung des Kindes einzugreifen; siehe auch *Kube*, Die Koalitionsfreiheit des minderjährigen Arbeitnehmers, 45 (55); a. A. ausdrücklich *Lempp*, ZblJugR 1974, 125 (136): „Dabei ist die fehlende Grundrechtsmündigkeit der Kinder keine natürliche Gegebenheit, wie man allgemein befriedigt zur Bequemlichkeit der Erwachsenen feststellt...".
[27] *Reuter*, Kindesgrundrechte und elterliche Gewalt, S. 60.

4.2.2.2.1 Grundrechtsmündigkeit als Parallele zur bürgerlich-rechtlichen Geschäftsfähigkeit

Einige Autoren wollen die Grenze der selbständigen Grundrechtsausübung durch den Minderjährigen so ziehen, wie sie die §§ 104 ff. BGB für den rechtsgeschäftlichen Bereich im Privatrechtsverkehr vorsehen. So bildet die von Stein eingeführte beschränkte Grundrechtsmündigkeit für Art. 2 Abs. 1 GG eine direkte Parallele zur bürgerlich-rechtlichen Geschäftsfähigkeit[28].

Kuhn unterscheidet bei der Grundrechtsausübung zwischen natürlichem und rechtsgeschäftlichem Handeln des Minderjährigen. Keinen besonderen Beschränkungen unterliegen nach seiner Ansicht Minderjährige, wenn ihre Grundrechtsausübung in natürlichem Handeln liege[29]. Zwar sieht Kuhn die Gefahr, daß auch durch Ausübung der „natürlichen Handlungsfreiheit" der Minderjährige sich selbst wie auch Dritten Schaden zufügen kann. Er verweist hier jedoch auf die „Transformationsnormen des Zivilrechts", die nicht die Handlungsfreiheit Minderjähriger schmälerten, sondern die Voraussetzungen änderten „für repressive und restitutive Rechtsfolgen bei Übertretung der für Erwachsene und Jugendliche gleichen Gebote"[30]. Zudem führt er an, daß der Minderjährige zusätzlichen Geboten und Verboten seitens der zur Erziehung und Aufsicht Berufenen unterliege[31]. Hingegen sind nach Ansicht von Kuhn Minderjährige bei Grundrechten, die die Vornahme von Rechtsgeschäften gewährleisten, „in der eigenhändigen Vornahme der Willenserklärung nach Maßgabe der außerverfassungsrechtlichen Normen beschränkt"[32]. Damit bindet auch Kuhn insoweit die Grundrechtsausübung an die bürgerlich-rechtlichen Vorschriften der Geschäftsfähigkeit[33].

Die Anwendung der bürgerlich-rechtlichen Vorschriften über die Geschäftsfähigkeit auf die Grundrechtsausübung des Minderjährigen wird hingegen von den meisten Autoren abgelehnt[34]. Dies wird damit

---

[28] *Stein*, Das Recht des Kindes auf Selbstentfaltung in der Schule, S. 30 f.
[29] *Kuhn*, Grundrechte und Minderjährigkeit, S. 38 ff.
[30] *Kuhn*, Grundrechte und Minderjährigkeit, S. 38.
[31] *Kuhn*, Grundrechte und Minderjährigkeit, S. 39.
[32] *Kuhn*, Grundrechte und Minderjährigkeit, S. 42; im Ergebnis auch ähnlich *Fehnemann*, Die Innehabung und Wahrnehmung von Grundrechten im Kindesalter, S. 38: „Der Einzelne genießt den Schutz des Grundrechts dann von dem Alter an, und in dem Umfang, den der einfache Gesetzgeber bestimmt."
[33] *Woltereck*, AuR 1965, 193 (196) will für das Problem der Grundrechtsmündigkeit im Zusammenhang mit dem Gewerkschaftsbeitritt Minderjähriger die §§ 106 ff. BGB zwar nicht direkt, aber die in ihnen enthaltene „gedankliche Leistung" übernehmen.
[34] *Krüger*, FamRZ 1956, 329 (331); *Perschel*, Die Meinungsfreiheit des Schülers, S. 81 f.; *Leuschner*, Das Recht der Schülerzeitungen, S. 74 f.; *Fehnemann*,

begründet, daß hier Grundrechtsausübung und rechtsgeschäftliche Willenserklärung in unzulässiger Weise gleichgesetzt würden[35]. Die Grundrechtsausübung müsse nicht unbedingt eine rechtsgeschäftliche Willenserklärung enthalten[36]. Im übrigen wird rechtsdogmatisch eingewandt, daß man Verfassungsrecht nicht den Regeln einfacher Gesetze unterwerfen könne[37].

4.2.2.2.2 Grundrechtsmündigkeit als Ergebnis einer Interessen- und Güterabwägung

Einige Autoren sehen das Problem der Grundrechtsmündigkeit in einer Kollision von Grundrechten des Minderjährigen mit dem Elternrecht. Insofern wird hier das Eltern-Kind-Verhältnis in den Vordergrund gestellt.

Soweit einfach-gesetzliche Regelungen fehlen, will Krüger die Kollision der genannten Rechte nach dem Prinzip der Güter- oder Interessenabwägung entscheiden[38]. Sie löst sich dabei von der bürgerlich-rechtlichen Geschäftsfähigkeit und billigt dem Minderjährigen insbesondere im Rahmen besonderer „Pflichtenkreise" die selbständige Ausübung seiner Grundrechte zu. Dies begründet sie damit, daß der Minderjährige mit Eintritt in den außerhalb elterlicher Gewalt gelegenen Pflichtenkreis — auch wenn dieser nur mit Zustimmung der Eltern erfolgen konnte — bezüglich der Grundrechtsausübung insoweit elterlicher Gewalt entwachsen sei[39].

Auch Perschel nimmt eine Interessenabwägung vor, da er davon ausgeht, „daß sowohl die Grundrechte des Jugendlichen wie das Elternrecht verfassungsmäßig mit gleichem Rang garantiert sind"[40]. Dennoch stellt er unter Betonung des Elternrechts die Frage so: „Welche Beschränkungen der Grundrechte des Jugendlichen sind unumgänglich, um das Elternrecht des Art. 6 Abs. 2 GG in wesensgemäßer Funktion zu erhalten[41]?" Dabei versteht Perschel unter „wesensgemäßer Funktion" des Elternrechts die Pflege und Erziehung der Kinder, die die geistige Mündigkeit zum Ziel haben. Des weiteren will Perschel berücksichtigen, ob „die Verfügung über das Grundrecht — Ausübung

---

RdJ 1967, 281 (286); *Schwerdtner*, AcP 173 (1973), 227 (244); nunmehr auch *Dürig*, in: Maunz / Dürig, Grundgesetz, Art. 19 Abs. III, Rdnr. 24; vgl. auch *Lenz*, in: Hamann / Lenz, Das Grundgesetz, Art. 17, B 1.

[35] *Perschel*, Die Meinungsfreiheit des Schülers, S. 81.
[36] *Dürig, in:* Maunz / Dürig, Grundgesetz, Art. 19 Abs. III, Rdnr. 24; *Perschel*, Die Meinungsfreiheit des Schülers, S. 81; *Kittner*, AuR 1971, 280 (281 ff.).
[37] *Perschel*, Die Meinungsfreiheit des Schülers, S. 82.
[38] *Krüger*, FamRZ 1956, 329 (331).
[39] *Krüger*, FamRZ 1956, 329 (332).
[40] *Perschel*, Die Meinungsfreiheit des Schülers, S. 86.
[41] *Perschel*, Die Meinungsfreiheit des Schülers, S. 86.

ebenso wie Verzicht — schwerwiegende Folgen haben kann, ... oder ... das elterliche Erziehungsrecht durch hemmungslose Grundrechtsausübung des Kindes vereitelt würde"[42]. Im übrigen stellt Perschel fest, „daß Erziehung zur geistigen Mündigkeit auch übenden Gebrauch der Grundrechte fordert — Übung nicht im Sinne einer nur probeweise und unter Vorbehalt gewährten Freiheit in der reinen Luft der pädagogischen Provinz, sondern Übung und Bewährung in praktischen Ernstfällen"[43].

Eine Güter- und Interessenabwägung wird auch von Woltereck befürwortet. Dabei betont Woltereck, daß die verfassungsrechtliche Festlegung des Erziehungsrechts notwendigerweise gewisse Einschränkungen der freien Entfaltung der Kindespersönlichkeit — auch bei der Ausübung der Grundrechte — zur Folge habe, „weil eine sachgerecht durchgeführte Erziehung für die vitalen Interessen des Kindes von ungleich größerer Bedeutung als die selbständige und unabhängige Grundrechtsausübung ist"[44]. Leuschner nimmt die Interessenabwägung „nach dem ‚Zweck' des Elternrechts" vor. „Die Grundrechte der Jugendlichen sind soweit einschränkbar, wie es der Zweck des Elternrechts erfordert. Umgekehrt wird das Elternrecht auf seine zweckgemäße Funktion verkürzt[45]."

Andere Autoren wenden sich gegen die Güter- und Interessenabwägung. Gernhuber beispielsweise bestreitet, daß das „Grundrecht der elterlichen Gewalt" nach dem Prinzip der Güter- und Interessenabwägung mit dem Grundrecht der Kinder und Jugendlichen zum Ausgleich gebracht werden müsse[46]. Er sieht die elterliche Gewalt „eher als Bestandteil denn als Gegenspieler des Rechts auf freie Entfaltung der Persönlichkeit". Art. 2 Abs. 1 GG nehme die elterliche Gewalt in sich auf als Mittel, um dem noch nicht selbstbestimmungsfähigen Minderjährigen seine Entfaltung der Persönlichkeit zu sichern[47]. Aus einem anderen Grund sieht auch Stein keine Kollision zwischen den Grundrechten von Eltern und Kindern. Er wendet sich strikt gegen die Grundrechtsgeltung im Verhältnis zwischen Eltern und Kindern. Weder richte sich Art. 6 Abs. 2 GG gegen das Kind noch wenden sich Rechte des Kindes aus Art. 2 Abs. 1 GG gegen die Eltern. Dem Verfassungsgeber

---

[42] *Perschel*, Die Meinungsfreiheit des Schülers, S. 87.
[43] *Perschel*, Die Meinungsfreiheit des Schülers, S. 87.
[44] *Woltereck*, AuR 1965, 193 (196).
[45] *Leuschner*, Das Recht der Schülerzeitungen, S. 77.
[46] *Gernhuber*, FamRZ 1962, 89 (92); gegen die Kollisionsthese auch *Stein*, Das Recht des Kindes auf Selbstentfaltung in der Schule, S. 29; siehe auch *Franke*, Grundrechte des Schülers und Schulverhältnis, S. 16; *Dürig*, in: Maunz / Dürig, Grundgesetz, Art. 19 Abs. III, Rdnr. 22; *Diederichsen*, FamRZ 1978, 461 (463).
[47] *Gernhuber*, FamRZ 1962, 89 (92).

könne eine Entscheidung über diese Problematik nicht unterstellt werden[48].

4.2.2.2.3 Grundrechtsmündigkeit als Folge der Einsichtsfähigkeit des Minderjährigen

Eine weitere Gruppe von Autoren will die Grenze der Grundrechtsmündigkeit an der Verstandesreife des Minderjährigen orientieren. Hier werden weniger Eltern- und Kindesrechte gegenübergestellt als dem Elternrecht durch die Einsichtsfähigkeit des Minderjährigen Grenzen gezogen. Soweit der Minderjährige fähig ist, selbst zu entscheiden, ist er grundrechtsmündig. „Es handelt sich also nicht in gleicher Weise wie sonst um eine Grundrechtsabwägung, in die die beiderseitigen Interessen gleichwertig einzusetzen sind, sondern um die Bestimmung einer Grenze, bis zu der die Erziehungsbefugnisse der Eltern reichen[49]."

Nach Reuter steht der Minderjährige unter der Fürsorge seines gesetzlichen Vertreters und ist damit grundrechtsunmündig, soweit er noch nicht selbstbestimmungsfähig ist. Fehle dem Minderjährigen die Fähigkeit, „wie ein normaler Erwachsener das eigene Verhalten vernünftig werdend zu bestimmen", so verlange die Menschenwürde nicht Autonomie, sondern Fürsorge[50]. Reuter begründet diese Aussage neben dem Argument der Menschenwürde auch mit seiner Unterscheidung zwischen personaler und funktionaler Handlungsfreiheit. Er stellt der (personalen) Handlungsfreiheit des Minderjährigen sein „objektives Interesse an Erziehung" (funktionale Handlungsfreiheit) gegenüber[51]. Dabei kommt er zu folgendem Schluß: „Soweit jedoch die Handlungsfreiheit über das zum Schutz von Erziehungsinteresse und seelischer Gesundheit erforderliche Maß hinausgehen soll, steht ihr der Fürsorgeanspruch entgegen, der für den Unmündigen an die Stelle der dem Willensfähigen garantierten zweckfreien Selbstbestimmung tritt[52]."

Auch Dürig stellt der Selbstbestimmungsfähigkeit des Kindes sein Erziehungsbedürfnis gegenüber. „Von diesem Ansatz aus kann das Spezifische der ‚Grundrechtsmündigkeit' besser gefaßt werden: Sowohl aus Art. 2 Abs. 1 wie aus Art. 6 Abs. 2 GG folgt, daß die Eltern grundsätzlich nur solange und soviel für und anstelle ihrer Kinder entscheiden dürfen, als diese nicht zur Selbstbestimmung in der Lage sind, als sie noch der Erziehung und Pflege durch die Eltern bedürfen[53]." Nach Schwerdtner ist das Kind „zur Ausübung dieses ihm zugeordneten

---

[48] *Stein*, Das Recht des Kindes auf Selbstentfaltung in der Schule, S. 29.
[49] *Dürig*, in: Maunz / Dürig, Grundgesetz, Art. 19 Abs. III, Rdnr. 22.
[50] *Reuter*, Kindesgrundrechte und elterliche Gewalt, S. 62.
[51] *Reuter*, Kindesgrundrechte und elterliche Gewalt, S. 64.
[52] *Reuter*, Kindesgrundrechte und elterliche Gewalt, S. 64.
[53] *Dürig*, in: Maunz / Dürig, Grundgesetz, Art. 19 Abs. III, Rdnr. 22.

Grundrechts von dem Zeitpunkt an befugt, von dem an es über die für die Wahrnehmung dieses Grundrechts erforderliche geistige Reife, Einsichtsfähigkeit und Entschlußkraft verfügt"[54]. Auch Stein orientiert seine Lösung an der Einsichtsfähigkeit des Minderjährigen. „Im eigenen Interesse des Kindes darf seine Willensbildung nicht ohne weiteres respektiert werden, solange es nicht über die nötige Einsicht verfügt, um die Konsequenzen seiner Entscheidung wenigstens ungefähr absehen zu können[55]." Beitzke argumentiert ebenfalls mit der Einsichtsfähigkeit des Minderjährigen. Er lehnt eine „besondere Grundrechtsmündigkeit" ab, weil Art. 6 GG gerade dazu da sei, „den zu hinreichender eigenverantwortlicher Selbstbestimmung und damit echter Ausübung seiner Grundrechte noch nicht Fähigen zu einer sinnvollen Selbstbestimmung hinzuführen und anzuleiten"[56].

Gegen das Kriterium der Verstandesreife wendet sich insbesondere Perschel aus zwei Gründen. Zum einen handle es sich hier um eine völlig vage Formel, zum anderen würden „Schranken in die Grundrechte hineininterpretiert, die sich aus der Verfassung nicht herauslesen lassen"[57].

4.3 Eigene Stellungnahme zur Grundrechtsmündigkeit

4.3.1 Verfassungsinterpretation

Aus dem Grundgesetz und den Materialien dazu ist eine graduelle Abstufung der Grundrechtsgeltung nach Reifegraden oder eine Bindung an die Volljährigkeit nicht zu entnehmen. Daß die Väter des Grundgesetzes davon ausgegangen sind, daß Minderjährige (selbstverständlich) Grundrechte nicht für sich in Anspruch nehmen können, kann ihnen nicht ohne weiteres unterstellt werden. Für diese Annahme kann auch nicht allein sprechen, daß zur Zeit der Entstehung des Grundgesetzes die Rechtsstellung Minderjähriger (zivilrechtlich) weit weniger gesichert war, als sie es heute ist.

Das Grundgesetz unterscheidet lediglich zwischen „Menschenrechten", die nicht nur einem bestimmten Personenkreis zukommen (Art. 2 Abs. 1

---

[54] *Schwerdtner*, AcP 173 (1973), 227 (242).
[55] *Stein*, Das Recht des Kindes auf Selbstentfaltung in der Schule, S. 33; siehe auch *Bosch*, FamRZ 1959, 200 (203), der für die „Verantwortlichkeit des Jugendlichen für sich selbst" verlangt, daß er auch in Bezug auf die konkret zu treffende persönlichkeitsrechtliche Entscheidung „sittlich und geistig reif genug ist, die Tragweite seines Tuns einzusehen und nach dieser Einsicht zu handeln".
[56] *Beitzke*, AcP 172 (1972), 240 (244).
[57] *Perschel*, Die Meinungsfreiheit des Schülers, S. 85.

4.3 Eigene Stellungnahme

und 2, Art. 5 Abs. 1: „Jeder"; Art. 3 Abs. 1: „Alle Menschen"; Art. 9 Abs. 2 Satz 1, Art. 17: „Jedermann"; Art. 3 Abs. 3: „Niemand") und „Bürgerrechten", die „allen Deutschen" gewährt werden (Art. 8, Art. 9 Abs. 1, Art. 11, Art. 12 Abs. 1, Art. 16 GG). Daneben läßt die Berücksichtigung der Notwendigkeit des Jugendschutzes in einigen besonderen Gesetzesvorbehalten (Art. 5 Abs. 2, Art. 11 Abs. 2, Art. 13 Abs. 3 GG) den Schluß zu, daß für Minderjährige darüber hinaus keine Besonderheiten gelten sollen. Auch der Umstand, daß das Grundgesetz selbst einige Altersbestimmungen zur Innehabung und Wahrnehmung von Grundrechten enthält (Art. 12a Abs. 1 und Art. 38 Abs. 2 GG), spricht gegen eine darüber hinausgehende Bindung der Grundrechtsausübung an besondere Altersgrenzen auf Verfassungsebene.

Da die Grundrechte als Ausfluß der Menschenwürde Grundlage der menschlichen Gemeinschaft sind (Art. 1 Abs. 2 GG), fragt sich, ob die These der gleichen Grundrechtsgeltung für Minderjährige wie für Volljährige durch Stellung und Bedeutung des Art. 1 Abs. 1 GG gestützt wird[58]. Die Menschenwürde wird als „oberstes Konstitutionsprinzip" bezeichnet[59]. Sie bildet das Fundament aller Menschenrechte, deren Positivierung in den Grundrechten versucht wird[60]. Die Menschenwürde knüpft an geistige Anlagen und sittliche Autonomie, d. h. an die Veranlagung zur freien sittlichen Entscheidung[61]. Menschenwürde haben deshalb unstreitig auch Unmündige[62]. Höchster Wert ist nach dem Grundgesetz der Mensch — unabhängig von Reife, individueller Vernunft und Alter.

Die voranstehenden Aussagen lassen für das hier zu behandelnde Problem folgenden Schluß zu: Wenn die Grundrechte eine Positivierung der Menschenwürde darstellen und die Menschenwürde auch Unmündigen zukommt, dann müssen (wie die Menschenwürde) auch die Grundrechte (zumindest soweit sie die Menschenrechte positivieren) für Minderjährige wie für Erwachsene gelten. Daß diese Folgerung in der Literatur nicht gezogen wird, scheint auf widersprüchlichen Erwä-

---

[58] Zur Bedeutung der Menschenwürde für das Problem vgl. *Kuhn*, Grundrechte und Minderjährigkeit, S. 9 ff.; *Reuter*, Kindesgrundrechte und elterliche Gewalt, S. 60.

[59] *Wintrich*, BayVBl 1957, 137; *Dürig*, in: Maunz / Dürig, Grundgesetz, Art. 1 Abs. I, Rdnr. 14 m. Hw. auf BVerfGE 6, 36.

[60] *Stein*, Staatsrecht, § 20 I (S. 212); *Dürig*, in: Maunz / Dürig, Grundgesetz, Art. 1 Abs. I, Rdnr. 4; nach überwiegender Ansicht ist Art. 1 Abs. 1 GG selbst kein Grundrecht, vgl. *Dürig*, in: Maunz / Dürig, Grundgesetz, Art. 1 Abs. I, Rdnr. 4, m. w. Nw.

[61] *Wintrich*, BayVBl 1957, 137 (138); *Nipperdey*, Die Grundrechte II, S. 2; *Dürig*, in: Maunz / Dürig, Grundgesetz, Art. 1 Abs. I, Rdnr. 18.

[62] *Wintrich*, BayVBl 1957, 137 (138); *Kuhn*, Grundrechte und Minderjährigkeit, S. 13; *Wolff / Bachof*, Verwaltungsrecht I, § 33 I b (S. 215); *Dürig*, in: Maunz / Dürig, Grundgesetz, Art. 1 Abs. I, Rdnr. 18.

gungen zu beruhen. Wenn man beispielsweise mit Dürig davon ausgeht, daß die Menschenwürde (auch Unmündiger) durch die Grundrechte schrittweise zugunsten des einzelnen Rechtsträgers realisiert wird[63], dann verwundert es, wenn an anderer Stelle Minderjährigen grundsätzlich das Recht zur Ausübung der Grundrechte verwehrt wird[64]. Nach Dürig müßte man die hier aufgezeigten Zusammenhänge also wie folgt konkretisieren: Die Menschenwürde aller ist oberster Wert, der in den Grundrechten konkretisiert wird. Ausüben und gerichtlich durchsetzen können diese Grundrechte jedoch grundsätzlich nur Erwachsene. Auch soweit der Menschenrechtsgehalt der Grundrechte geht, steht er insoweit nicht „allen" oder „jedem" zu.

Die Realisierung der Menschenwürde durch die Grundrechte läßt sich für Minderjährige nicht allein dadurch erreichen, daß der Staat ihre Grundrechte achten muß (Grundrechtsfähigkeit). Solange ihnen Ausübung und gerichtliche Durchsetzung[65] ihrer Rechte verwehrt werden, ist ihre menschenwürdige Existenz nicht ausreichend gesichert. Es ist also festzuhalten, daß Art. 1 Abs. 1 GG und damit der Menschenrechtsgehalt der einzelnen Grundrechte eine solche Differenzierung zwischen Mündigkeit und Unmündigkeit nicht zuläßt[66].

4.3.2 Praktische Konsequenzen

4.3.2.1 Methodische Vorbemerkung

Nach den herkömmlichen Auslegungsmethoden ergibt sich aus dem Grundgesetz selbst kein Hinweis darauf, daß die selbständige Ausübung der Grundrechte eine besondere Grundrechtsmündigkeit voraussetzt. Vielmehr legt die Verfassungsinterpretation den Schluß nahe, daß bezüglich der Grundrechtsausübung für Minderjährige keine anderen als die allgemein zulässigen oder von der Verfassung speziell für Minderjährige normierten Grundrechtsschranken gelten[67].

Gegen dieses Ergebnis wird insbesondere eingewandt, daß die Folgen untragbar seien. Einem solchen Einwand liegt eine Folgenanalyse zugrunde. Diese ist eine Methode, die von einigen Autoren dann an-

---

[63] *Dürig*, in: Maunz / Dürig, Grundgesetz, Art. 1 Abs. I, Rdnr. 4.
[64] *Dürig*, in: Maunz / Dürig, Grundgesetz, Art. 19 Abs. III, Rdnr. 16.
[65] Siehe dazu Kap. 6.
[66] Vgl. hierzu *Kuhn*, Grundrechte und Minderjährigkeit, S. 13 f., der hier allerdings lediglich zu dem Ergebnis kommt, daß der Bereich autonomen Handelns bei Minderjährigen zumindest nicht deshalb gegenüber Erwachsenen eingeschränkt sein kann, weil ihnen keine oder geringere Menschenwürde zukomme.
[67] Vgl. auch *Hesse*, Grundzüge des Verfassungsrechts, § 9 II 2 (Rdnr. 285).

4.3 Eigene Stellungnahme

gewendet wird, wenn sich ein Interessenkonflikt nicht eindeutig durch Verfassungsauslegung entscheiden läßt[68]. Es handelt sich also um eine von den herkömmlichen Auslegungsmethoden zu unterscheidende Verfassungskonkretisierung, die insbesondere die Möglichkeit der Weiterentwicklung der Verfassung bietet[69]. Nach Stein werden bei der Folgenanalyse zunächst die im konkreten Fall in Konflikt stehenden Interessen herausgearbeitet. Aus dieser Konfliktanalyse werden Entscheidungsalternativen entwickelt. Sodann werden die tatsächlichen Auswirkungen der einzelnen Alternativen mit Hilfe einer Prognose ermittelt, die auf einem sozialwissenschaftlichen Erkenntnisverfahren beruht. Abschließend werden diese Auswirkungen anhand von Kriterien bewertet, die der Verfassung selbst zu entnehmen sind[70].

Die Folgenanalyse ist methodisch nicht unumstritten. So wendet sich z. B. Luhmann dagegen, in der Verwendung von Folgen als Entscheidungskriterien eine brauchbare Dogmatik zu sehen[71], wenn er der „Folgenempfindlichkeit in rechtswissenschaftlicher Literatur und Judikatur" auch eine wichtige Korrektiv-Funktion beimißt[72]. Zwar erkennt Luhmann einen „allgemeinen Bedarf für dogmatische Kriterien, die die Zukunftsverantwortung in Rechtsverhältnissen steuern" an[73]. Aufgrund der Offenheit und Komplexität der Zukunft sieht er jedoch keine Möglichkeit, für die Verwendung von Folgenerwartungen als Entscheidungskriterien dogmatische Regeln zu entwickeln[74].

Diesem Einwand Luhmanns ist die Rechtsprechung des Bundesverfassungsgerichts entgegenzuhalten. Das Bundesverfassungsgericht praktiziert diese methodische Vorgehensweise bereits. So hat Philippi in seiner empirischen Untersuchung herausgefunden, daß das Bundesverfassungsgericht z. B. in Normenkontrollverfahren zu 83 % mit prognostischen Überlegungen arbeitet[75]. Bei der Gewinnung seiner Tatsachenfeststellungen sei das Bundesverfassungsgericht insgesamt in seinen Prognoseverfahren denen der Legislative sowohl im rationalen Prognoseansatz als auch in der empirischen Fundierung überlegen[76]. Ob-

---
[68] Podlech, AöR 95 (1970), 185 (197 ff.) will die Frage, warum bestimmte Wertungen anderen Wertungen in rechtlichen Begründungszusammenhängen vorgezogen werden, mit Hilfe einer Diskussion ihrer Folgen im gesellschaftlichen Bereich beantworten.
[69] Zum Verhältnis von „Sinnermittlung" und „Konkretisierung" vgl. Stein, Staatsrecht, § 4 IV 2 (S. 37 f.).
[70] Zur Vorgehensweise der Folgenanalyse vgl. Stein, Staatsrecht, § 4 IV 2 (S. 32 f.).
[71] Luhmann, Rechtssystem und Rechtsdogmatik, S. 31 ff.
[72] Luhmann, Rechtssystem und Rechtsdogmatik, S. 39.
[73] Luhmann, Rechtssystem und Rechtsdogmatik, S. 47.
[74] Luhmann, Rechtssystem und Rechtsdogmatik, S. 48.
[75] Philippi, Tatsachenfeststellungen des Bundesverfassungsgerichts, S. 124.
[76] Philippi, Tatsachenfeststellungen des Bundesverfassungsgerichts, S. 191.

wohl die Prognosetätigkeit des Bundesverfassungsgerichts in der Literatur auf Kritik gestoßen ist[77], ist der positiven Einschätzung Philippis zu folgen[78]. Lehnt es der Jurist ab, die sozialen Folgen in seine Gesetzesauslegung und -anwendung einzubeziehen, so läuft er Gefahr, dem dienenden Zweck des Rechts in der Gesellschaft zuwider zu arbeiten[79]. Gesellschaftliche Konflikte lassen sich nur dann in befriedigender Weise durch Gesetz und Recht lösen, wenn die Folgen der Rechtsetzung und Rechtsanwendung in der Gesellschaft berücksichtigt werden. Insofern darf verantwortungsbewußte juristische Arbeit das „Ergebnis" nicht außer Betracht lassen. Dies ist nicht gleichbedeutend mit einer ausschließlichen Orientierung der Rechtsanwendung am gewünschten gesellschaftspolitischen Erfolg. Läßt man die Folgen jedoch gänzlich außer Betracht, so birgt dies die Gefahr der Entfernung der Rechtsanwendung von der gesellschaftlichen Wirklichkeit in sich. Rechtsfindung sollte nicht als allein logisch-systematischer Prozeß verstanden werden, sondern als ein komplexer Vorgang, der Ausdruck bestimmter sozialer Verhältnisse ist und der soziale Verhältnisse beeinflußt. Es soll deshalb die hier vertretene These auf ihre Auswirkungen hin untersucht werden.

4.3.2.2 Fallgruppen

Um die denkbaren Auswirkungen der umfassenden Grundrechtsgeltung für Minderjährige überblicken zu können, sind im Folgenden Fälle möglicher Grundrechtsausübung durch Minderjährige in Fallgruppen zusammenzustellen.

Fallgruppe 1:

Der Minderjährige ist faktisch zur Grundrechtsausübung nicht in der Lage.

Beispiel: Der Säugling, der noch nicht sprechen kann, kann die Meinungsfreiheit (Art. 5 Abs. 1 GG) nicht ausüben.

Fallgruppe 2:

Der Minderjährige ist faktisch zur Grundrechtsausübung in der Lage. In der Ausübung des Grundrechts liegt keine rechtsgeschäftliche Handlung[80].

---

[77] *Philippi*, Tatsachenfeststellungen des Bundesverfassungsgerichts, S. 125, Fn. 154 m. w. Nw.

[78] Siehe auch *Stein*, Staatsrecht, § 30 III (S. 311 f.); Bachof, JZ 1958, 468 (479).

[79] Für eine Orientierung rechtsetzender Instanzen und Gerichte an der sozialen Wirklichkeit auch *Stein*, Staatsrecht, § 30 III (S. 311 f.).

[80] Zur Differenzierung zwischen natürlichem und rechtsgeschäftlichem Handeln des Minderjährigen im Zusammenhang mit der Grundrechtsausübung

Beispiel: Der Jugendliche nimmt an einer Demonstration teil (Versammlungsfreiheit, Art. 8 GG).

Fallgruppe 3:

Der Minderjährige ist faktisch zur Grundrechtsausübung in der Lage. In der Ausübung des Grundrechts liegt zugleich eine rechtsgeschäftliche Handlung.

Beispiel: Der minderjährige Lehrling tritt in die Gewerkschaft ein (Vereinigungsfreiheit, Art. 9 Abs. 3 GG).

4.3.2.3 Allgemeine Lösungsansätze zu voranstehenden Fallgruppen

Fallgruppe 1:

Grundsätzlich hängt die Grundrechtsgeltung nicht davon ab, ob der einzelne das Grundrecht konkret für sich nutzen kann. Die Grundrechte wollen lediglich die potentielle Fähigkeit zur freien Entscheidung schützen[81]. Anderer Ansicht ist Dürig, der das Recht zur selbständigen Grundrechtsausübung des Minderjährigen von natürlichen Fähigkeiten und Eigenschaften abhängig machen will. „Wer nicht seinen Namen schreiben kann, ist nicht grundrechtsmündig, sich nach Art. 17 schriftlich zu beschweren; wer sich noch nicht fortbewegen kann, ist nicht grundrechtsmündig im Hinblick auf das Versammlungsgrundrecht des Art. 8; wer noch nicht wertend entscheiden kann, ist nicht grundrechtsmündig im Sinne des Gewissensgrundrechts gemäß Art. 4 Abs. 1, usw.[82]."

Zu dieser Auffassung ist zum einen anzumerken, daß die faktische Unfähigkeit, ein Grundrecht auszuüben kein spezielles Problem ist, das sich nur im Zusammenhang mit der Grundrechtsausübung Minderjähriger stellt. Die Eigentumsfreiheit wird dem nicht aberkannt, der kein Geld hat, um sich Eigentum zu verschaffen[83]. Da in diesen Fällen aus der Unfähigkeit, eine Freiheit konkret zu nutzen nicht geschlossen wird, daß dem zur Grundrechtsausübung Unfähigen das Freiheitsrecht nicht zusteht, ist auch hier die Einführung einer Grundrechtsmündigkeit nicht geboten. In dieser Fallgruppe ist zum anderen zu berücksichtigen, daß die faktische Fähigkeit zur Grundrechtsausübung nur vorübergehend fehlt. Der Minderjährige wächst in diese Fähigkeit mit zunehmendem Alter hinein. Insofern unterscheidet sich diese Fallgruppe von den Fällen, in denen ein Mensch die Fähigkeit zur Grund-

---

siehe auch *Kuhn*, Grundrechte und Minderjährigkeit, S. 38 ff. m. w. Nw. in Anm. 31; *Perschel*, RdJ 1963, 34 (37).

[81] *Kuhn*, Grundrechte und Minderjährigkeit, S. 40 m. w. Nw. in Anm. 33.

[82] *Dürig*, in: Maunz / Dürig, Grundgesetz, Art. 19 Abs. III, Rdnr. 16.

[83] Weitere Beispiele bei *Kuhn*, Grundrechte und Minderjährigkeit, S. 40.

rechtsausübung endgültig verloren hat. Aber selbst dem im Koma liegenden unheilbar Kranken werden die Grundrechte nicht entzogen. Deshalb kann die nur vorübergehende Hinderung des Minderjährigen, seine Grundrechte selbst auszuüben, die Geltung der Grundrechte nicht ausschließen. Bezüglich der tatsächlichen Auswirkungen macht es zwar keinen Unterschied, ob in diesen Fällen das Grundrecht dem Betreffenden zur selbständigen Ausübung zusteht oder ob es ihm aberkannt wird. Der Unterschied liegt aber in der dahinterstehenden Grundhaltung: während Dürig die Minderjährigen insofern aus dem Geltungsbereich der Grundrechte herausnimmt, werden ihnen nach der hier vertretenen Auffassung rechtlich dieselben Freiräume gewährt, wie sie Volljährigen zustehen. Die Bindung des Rechts zur selbständigen Grundrechtsausübung bei Minderjährigen an die natürliche Handlungsfähigkeit ist deshalb nicht gerechtfertigt[84].

Fallgruppe 2:

In diesen Fällen ist nicht zu befürchten, daß der Minderjährige sich selbst oder anderen durch eine in der Grundrechtsausübung liegende rechtsgeschäftliche Verpflichtung Schaden zufügen würde[85]. Es geht allein um die Frage, ob die faktische Grundrechtsausübung durch den Minderjährigen zu Konsequenzen (auch rechtlicher Art) führen könnte, die für den Staat oder private Dritte untragbar wären bzw. der Minderjährige selbst sich schädigen könnte.

Dem Staat tritt der Minderjährige in erster Linie in der Schule gegenüber. Im Schulbereich hat die Rechtsstellung des Schülers nach geltendem Recht bereits eine Stärkung erfahren. Die Lehre vom besonderen Gewaltverhältnis, die grundrechtsbeschränkende Maßnahmen des Staates auch ohne gesetzliche Ermächtigung zuließ, ist nach allgemeiner Meinung überholt[86]. Es gilt als mit dem Rechtsstaatsprinzip unvereinbar, daß der Schüler dem durch Lehrer und Schulbehörden repräsentierten Staat in einem nahezu rechtsfreien Raum gegenübersteht[87]. Aber nicht nur die Grundrechtsfähigkeit, sondern auch die selbständige Ausübbarkeit der Grundrechte wird dem Schüler teilweise bereits zugestanden[88]. Dieser Ansicht ist zu folgen, zumal eine Erziehung zur Mündigkeit, die das übergeordnete Bildungsziel darstellt, kaum

---

[84] Siehe auch *Kuhn*, Grundrechte und Minderjährigkeit, S. 40.
[85] *Fehnemann*, Die Innehabung und Wahrnehmung von Grundrechten im Kindesalter, S. 35 f., bezieht sich in dieser Fallgruppe auf „Rechte, die für sich gesehen nicht auf das Hervorbringen von Rechtswirkungen zielen, wenn ihre Wahrnehmung auch Rechtswirkungen zur Folge haben kann...".
[86] Vgl. für viele *Heckel / Seipp*, Schulrechtskunde, S. 284 m. Hw. auf BVerfGE 33, 1 ff.
[87] *Heckel / Seipp*, Schulrechtskunde, S. 284.
[88] Vgl. dazu die Nw. in Kap. 4, Fn. 20.

gelingen kann, wenn man den Schülern die Wahrnehmung ihrer Grundrechte versagt[89]. Zudem ist im Schulbereich ganz überwiegend nur eine Grundrechtsausübung durch den Schüler selbst möglich; „nur er kann seine Meinung äußern, sich mit anderen versammeln, einer Vereinigung beitreten..."[90].

Eine Einschränkung der Grundrechtsausübung durch den Schüler ergibt sich im Schulbereich lediglich aus dem Erfordernis der Funktionsfähigkeit der Schule und ihrem Bildungsauftrag, der in Art. 7 Abs. 1 GG seine verfassungsrechtliche Grundlage hat und in den Länderschulgesetzen konkretisiert ist. Letztere können beispielsweise als allgemeine Gesetze im Rahmen des Gesetzesvorbehalts von Art. 5 Abs. 2 GG die Meinungsfreiheit des Schülers einschränken, soweit es die Aufrechterhaltung des Unterrichtsbetriebs erfordert[91]. Die Einschränkung der Grundrechtsausübung des Schülers läßt sich also aus der Verfassung selbst (Art. 7 Abs. 1 GG) herleiten. Damit ist die Einführung der Grundrechtsmündigkeit als Voraussetzung der selbständigen Grundrechtsausübung auch hier nicht erforderlich.

Soweit darüber hinaus die Gefahr besteht, daß sich der Minderjährige selbst oder anderen im Zusammenhang mit der Grundrechtsausübung Schaden zufügt (der jugendliche Demonstrant wirft eine Schaufensterscheibe ein), kann der einfache Gesetzgeber diesen Gefahren durch Gebote und Verbote begegnen, soweit das betreffende Grundrecht beschränkbar ist[92]. Als Beispiel solcher einfach-gesetzlicher Regelungen ist die deliktsrechtliche Haftung der Aufsichtspflichtigen sowie der Minderjährigen selbst nach §§ 832, 828 Abs. 2 BGB zu nennen. Auch auf die strafrechtliche Verantwortlichkeit des Minderjährigen nach § 1 JGG ist hier hinzuweisen[93]. Was den Schutz des Minderjährigen vor Selbstgefährdung anbetrifft, so ist hier das Recht und die Pflicht der Eltern nach Art. 6 Abs. 2 GG anzuführen, den Minderjährigen davor zu bewahren, sich Schaden zuzufügen[94].

---

[89] Für die Meinungsfreiheit im Schulverhältnis so auch *Perschel,* Die Meinungsfreiheit des Schülers, S. 86 f.
[90] Vgl. *Franke,* Grundrechte des Schülers und Schulverhältnis, S. 18.
[91] Vgl. dazu *DJT,* Schule im Rechtsstaat, S. 285 ff.; als verfassungswidrig muß in dieser allgemeinen Form § 106 SHSchG angesehen werden, wonach sich der Schüler erst ab dem vollendeten 14. Lebensjahr für eine Schülergruppe mit politischen Zielen betätigen darf.
[92] Letztere Einschränkung scheint *Kuhn,* Grundrechte und Minderjährigkeit, S. 39, nicht zu beachten, wenn er ausführt, daß diese einfach-gesetzlichen Einschränkungen der Handlungsfreiheit Minderjähriger den Geltungsbereich der Freiheitsrechte gar nicht berührten.
[93] Vgl. zum Zusammenhang zwischen strafrechtlicher Verantwortlichkeit und dem Recht, Grundrechte selbständig auszuüben auch *Krüger,* FamRZ 1956, 329 (331).
[94] Siehe unten Kap. 5.

Fallgruppe 3:

Die Besonderheit dieser Fälle liegt darin, daß in der Grundrechtsausübung durch den Minderjährigen zugleich eine rechtsgeschäftliche Handlung liegt. Hier taucht das Problem der Grundrechtsmündigkeit nur auf, wenn das Grundrecht das in der Grundrechtsausübung liegende rechtsgeschäftliche Handeln schützt. Nur dann ist auf Verfassungsebene zu prüfen, ob die rechtsgeschäftliche Verpflichtung beschränkend auf das Recht zur selbständigen Grundrechtsausübung wirkt.

Es ist also zunächst zu klären, ob Grundrechte überhaupt privatrechtliche Rechtsfolgen schützen, die an die Grundrechtsausübung geknüpft sind. Klein geht davon aus, daß manche Grundrechte (z. B. Art. 9 und 14 GG) denknotwendig zugehörige Einrichtungsgarantien (Verein, Gesellschaft, Eigentum und Erbrecht) mit garantieren. „Es sind hier subjektiv-öffentliche Rechte und Rechtseinrichtungen in ein und derselben Grundrechtsvorschrift von Verfassungs wegen gewährleistet[95]." In diesen Fällen werde der Inhalt des Grundrechts durch das ausfüllende Gesetz bestimmt[96]. Soweit also Grundrechte rechtsgeschäftliche Handlungen schützen, bedürfen sie notwendig der Ausführung durch einfache Gesetze. Die Gründe, die gegebenenfalls gegen die Zulassung Minderjähriger zu einem bestimmten Rechtsgeschäft vorgebracht werden, sind auf der Ebene einfachen Rechts zu diskutieren. Bei der Regelung der privatrechtlichen Rechtsfolgen der Grundrechtsausübung (wie beispielsweise den Normen über die bürgerlich-rechtliche Geschäftsfähigkeit) ist der Gesetzgeber jedoch nicht gänzlich frei, sondern er ist bei der Ausgestaltung des Grundrechts wiederum gemäß Art. 1 Abs. 3 GG an die grundrechtliche Garantie gebunden[97].

Von diesen Fällen sind diejenigen zu trennen, in denen rechtsgeschäftliche Handlungen lediglich anläßlich der Grundrechtsausübung vorgenommen werden[98]. Wenn ein Minderjähriger ein Megaphon kauft, um seine Meinung „verstärkt" zu äußern, unterfällt dieses privatrechtliche Rechtsgeschäft nicht unmittelbar grundrechtlichem Schutz. Das Problem der Grundrechtsmündigkeit für Art. 5 Abs. 1 GG ist losgelöst von diesem Rechtsgeschäft zu betrachten. Durch die bürgerlich-recht-

---

[95] *v. Mangoldt / Klein*, Das Bonner Grundgesetz, Vorbem. A IV 3 d (S. 86).

[96] *v. Mangoldt / Klein*, Das Bonner Grundgesetz, Vorm. B XV 2 a (S. 124 f.); siehe auch *Kuhn*, Grundrechte und Minderjährigkeit, S. 41 ff.

[97] Vgl. *Hesse*, Grundzüge des Verfassungsrechts § 12 III 1 c (Rdnr. 448); ob man insgesamt die „Transformation" der Grundrechte in das Privatrecht mit dem Schutz des Minderjährigen verfassungsrechtlich legitimieren kann (so *Kuhn*, Grundrechte und Minderjährigkeit, S. 42), erscheint fraglich.

[98] Diese Rechtsgeschäfte werden von *Kuhn*, Grundrechte und Minderjährigkeit, S. 44, als „Hilfsgeschäfte der Grundrechte" bezeichnet.

liche Geschäftsfähigkeit kann die Grundrechtsmündigkeit hier keine Beschränkung erfahren[99].

4.3.2.4 Die Grundrechte im einzelnen

Ob die umfassende Grundrechtsgeltung für Minderjährige nach geltendem Recht zu untragbaren Ergebnissen führt, ist im folgenden anhand jedes einzelnen Grundrechts zu überprüfen.

Vorab sollen hier die Grundrechte genannt werden, die deshalb keine Probleme aufwerfen, weil ihr Geltungsbereich bereits durch das Grundrecht selbst auf einen bestimmten Personenkreis beschränkt ist. Diese Schranken werden als immanente persönliche Gewährleistungsschranken bezeichnet[100]. So steht z. B. Art. 4 Abs. 3 GG nur dem Wehrpflichtigen, Art. 6 Abs. 1 GG nur Ehegatten[101], Art. 6 Abs. 2 GG nur Eltern, Art. 6 Abs. 3 GG nur Erziehungsberechtigten, Art. 6 Abs. 4 GG nur Müttern und Art. 7 Abs. 3 Satz 3 GG nur Lehrern zu. Zu erwähnen ist in diesem Zusammenhang auch das Wahlrecht (Art. 38 Abs. 1 Satz 1 GG), das nach Art. 38 Abs. 2 GG nur Wahlberechtigten zusteht. Hier tauchen hinsichtlich der Grundrechtsgeltung für Minderjährige keine Probleme auf.

Im übrigen soll die Überprüfung der These anhand der einzelnen Grundrechte vereinfacht werden durch eine Gliederung der Grundrechte in solche mit einfachem, mit qualifiziertem und ohne Gesetzesvorbehalt.

Einfache Gesetzesvorbehalte ermächtigen den Gesetzgeber allgemein zur Begrenzung des Freiheitsrechts[102]. Zu diesen Grundrechten gehören neben der Generalklausel des Art. 2 Abs. 1 GG in der Auslegung des Bundesverfassungsgerichts Art. 2 Abs. 2, Art. 8 Abs. 2, Art. 10 Abs. 1 und 2 und Art. 14 Abs. 1 GG. Auch Art. 12 Abs. 1 GG kann hier genannt werden, da nach der Rechtsprechung des Bundesverfassungsgerichts der Gesetzesvorbehalt des Art. 12 Abs. 1 Satz 2 GG — aus dem das Bundesverfassungsgericht die Stufentheorie entwickelt hat — einen einheitlichen Schrankenvorbehalt für die gesamte Berufsfreiheit repräsentiert[103]. Soweit Einschränkungen der Grundrechtsausübung durch Minderjährige geboten erscheinen, lassen sich diese durch einfache Gesetze normieren. Wie bereits ausgeführt, ist der Gesetzgeber hier jedoch nach Art. 1 Abs. 3 GG an die Grundrechte gebunden. Dabei entfaltet die Wesensgehaltsgarantie des Art. 19 Abs. 2 GG ihre Wirkung,

---

[99] So auch *Kuhn*, Grundrechte und Minderjährigkeit, S. 44.
[100] *v. Mangoldt / Klein*, Das Bonner Grundgesetz, Vorbem. B XV 2 c (S. 127).
[101] Zum Grundrecht auf Eheschließung vgl. die folgenden Ausführungen.
[102] *Hesse*, Grundzüge des Verfassungsrechts, § 10 II 1 (Rdnr. 315).
[103] Vgl. BVerfGE 7, 377 (400 ff.).

die eine Begrenzung des Grundrechts aus unzureichendem Anlaß verbietet, weil eine solche Begrenzung nicht verhältnismäßig sein kann[104]. Danach darf das Recht des Minderjährigen zur selbständigen Ausübung des Grundrechts nur soweit beschränkt werden, wie dieser zu selbstverantwortlichem Handeln nicht in der Lage ist, ohne sich oder andere zu gefährden. Darüber hinaus bedarf es keiner Beschränkung der Ausübungsbefugnis durch Einführung einer besonderen Grundrechtsmündigkeit.

Bei qualifizierten Gesetzesvorbehalten ist die Begrenzung des Grundrechts nur durch näher qualifizierte Gesetze möglich, wobei entweder ein allgemeines Gesetz vorliegen muß (Art. 5 Abs. 2 GG) oder die Begrenzung nur unter bestimmten Voraussetzungen (Art. 11 Abs. 2 GG) oder nur zu bestimmten Zwecken (Art. 13 Abs. 3 GG) erfolgen darf[105]. Einen qualifizierten Gesetzesvorbehalt enthalten Art. 5 Abs. 2, Art. 11 Abs. 2, Art. 13 Abs. 3, Art. 14 Abs. 3, Art. 16 Abs. 1 und Art. 104 Abs. 1 GG. Zu beachten ist hier, daß Art. 5 Abs. 2, Art. 11 Abs. 2 und Art. 13 Abs. 3 GG bereits ausdrücklich vorsehen, daß in diese Grundrechte zum Schutze der Jugend eingegriffen werden kann. Daß Art. 16 Abs. 1 und Art. 104 Abs. 1 GG eine besondere Einschränkung der Grundrechtsgeltung für Minderjährige erforderlich machen, ist nicht ersichtlich.

Keinem Gesetzesvorbehalt unterliegen Art. 3, Art. 4 Abs. 1 und 2, Art. 6 Abs. 1, Art. 8 Abs. 1, Art. 9 Abs. 1, Art. 16 Abs. 2 und Art. 17 GG sowie die Art. 101, Art. 103 und Art. 104 GG. Diese Grundrechte unterliegen allein den durch die Verfassung selbst gezogenen Grenzen. Eine Begrenzung durch Gesetz ist unzulässig[106].

Der Gleichheitssatz (Art. 3 GG) läßt eine Differenzierung nach Alter zu, soweit sachliche Gesichtspunkte diese Differenzierung erfordern. Insofern wirft dieses Grundrecht keine Probleme auf. Unter Minderjährigen muß jedoch eine Berufung auf den Gleichheitssatz wie unter Volljährigen möglich sein. Auch muß sich ein Minderjähriger dann auf Art. 3 GG berufen können, wenn er anders als ein Volljähriger behandelt wird, sich aber keine sachgerechten Differenzierungskriterien finden lassen[107].

---

[104] *Hesse*, Grundzüge des Verfassungsrechts, § 10 IV 1 (Rdnr. 332).
[105] *Hesse*, Grundzüge des Verfassungsrechts, § 10 II 1 (Rdnr. 315).
[106] *Hesse*, Grundzüge des Verfassungsrechts, § 10 II 1 (Rdnr. 315).
[107] Vgl. auch *Dürig*, in: Maunz / Dürig, Grundgesetz, Art. 3 Abs. I GG, Rdnr. 285, der davon ausgeht, daß Art. 3 GG allen natürlichen Personen zusteht; auch nach *Kuhn*, Grundrechte und Minderjährigkeit, S. 5, findet der Gleichheitssatz auch auf das rechtliche Verhältnis zwischen Volljährigkeit und Minderjährigkeit Anwendung.

4.3 Eigene Stellungnahme

Art. 4 Abs. 1 und Abs. 2 GG enthält ebenfalls keinen Gesetzesvorbehalt. Auch den hier gewährleisteten Freiheiten können nach dem Grundsatz der Einheit der Verfassung allein durch andere Bestimmungen des Grundgesetzes Grenzen gezogen werden[108]. Art. 4 GG ist insbesondere im Zusammenhang mit Art. 6 Abs. 2 und Art. 7 Abs. 2 GG zu sehen[109]. Der Ausübung der Religionsfreiheit durch einen Minderjährigen (z. T. auch als Religionsmündigkeit bezeichnet[110]) sind durch das Elternrecht (Art. 6 Abs. 2 GG) i. V. m. Art. 7 Abs. 2 GG Grenzen gezogen. Die Abwägung zwischen der Religionsfreiheit des Minderjährigen und dem elterlichen Erziehungsrecht hat der Gesetzgeber im Gesetz über die religiöse Kindererziehung vorgenommen[111]. Die Frage, ob sich der Gesetzgeber mit diesem Gesetz innerhalb des verfassungsrechtlichen Spielraums gehalten hat, kann hier offenbleiben[112]. Jedenfalls bedarf es einer besonderen Beschränkung für Minderjährige über die aus Art. 6 Abs. 2 und Art. 7 Abs. 2 GG resultierenden grundrechtsimmanenten Schranken hinaus offensichtlich nicht.

Gilt das Grundrecht auf Eheschließung, das Art. 6 Abs. 1 GG gewährleistet, auch für Minderjährige? Die Regelung der Form und Voraussetzungen der Eheschließung obliegen dem einfachen Gesetzgeber[113], der dabei jedoch seinerseits an die grundrechtliche Garantie gebunden ist. Im Rahmen von Art. 6 Abs. 1 GG ist vom Gesetzgeber zu berücksichtigen, daß dieses Grundrecht „auf gewisse, dem abendländischen Kulturkreis gemeinsame Vorstellungen über das Wesen der Ehe"[114] zurückgeht. Damit ist u. a. das Grundrecht auf Eheschließung immanent beschränkt auf Menschen einer gewissen Alters- bzw. Reifestufe. Insofern bestehen grundsätzlich keine verfassungsrechtlichen Bedenken dagegen, daß in § 1 EheG die Ehemündigkeit auf 18 Jahre festgesetzt wird, zumal § 1 II EheG eine Ausnahme vom Erfordernis der Volljährigkeit vorsieht.

Die Freiheit, Versammlungen in geschlossenen Räumen abzuhalten (Art. 8 Abs. 1 GG) enthält ebenfalls keinen Gesetzesvorbehalt. Die selbständige Grundrechtsausübung wird dem Minderjährigen teilweise ab einer „bestimmten geistigen Reife" zugebilligt[115]. Andere Autoren

---

[108] Vgl. BVerfGE 44, 49 f. m. Hw. auf BVerfGE 32, 102; 33, 29.
[109] Vgl. auch *Zippelius / Büttner*, in: Bonner Kommentar, Art. 4, Rdnr. 53; *Hemmrich*, in: v. Münch, Grundgesetz-Kommentar, Art. 4, Rdnr. 6.
[110] Vgl. *Zippelius / Büttner*, in: Bonner Kommentar, Art. 4, Rdnr. 53.
[111] Siehe auch *Herzog*, in: Maunz / Dürig, Grundgesetz, Art. 4, Rdnr. 43.
[112] Vgl. *Zippelius / Büttner*, in: Bonner Kommentar, Art. 4, Rdnr. 53 m. w. Nw.; *Herzog*, in: Maunz / Dürig, Grundgesetz, Art. 4, Rdnr. 43 m. w. Nw.
[113] Vgl. BVerfGE 31, 69; siehe auch *Kuhn*, Grundrechte und Minderjährigkeit, S. 42 m. Hw. auf Art. 12 der Europäischen Menschenrechtskonvention.
[114] *Kuhn*, Grundrechte und Minderjährigkeit, S. 43 m. w. Nw. in Anm. 42.

4. Grundrechtsmündigkeit

unterscheiden je nachdem, ob mit der Durchführung der Versammlung privatrechtliche Verpflichtungen (Saalmiete etc.) entstehen, oder ob die Versammlung ohne derartige Verpflichtungen durchgeführt wird[116]. Es überzeugt nicht, die Grundrechtsgeltung für Minderjährige von den Beschränkungen abhängig zu machen, die das bürgerliche Recht für die mit der Grundrechtsausübung verbundenen Rechtsgeschäfte vorsieht. Wie bereits ausgeführt[117] unterfallen diese Rechtsgeschäfte nicht unmittelbar grundrechtlichem Schutz. Die bürgerlich-rechtliche Geschäftsfähigkeit kann insofern nicht herangezogen werden, um zu entscheiden, ob auch Minderjährige das Grundrecht ausüben können. Zur Beantwortung dieser Frage ist vielmehr anzuführen, daß die Ausübung der Versammlungsfreiheit speziell durch Minderjährige zu keinen besonderen Gefahren führt. Außerdem ist zu bedenken, welche Bedeutung der Versammlungsfreiheit für Minderjährige zukommt. Sie fördert die politische Willensbildung und eröffnet den Minderjährigen die Möglichkeit, ihre Bedürfnisse zu artikulieren.

Im Rahmen von Art. 9 Abs. 1 GG wird differenziert werden müssen zwischen dem Akt der Koordination (Vereinsgründung, Vereinsbeitritt) und der Betätigung der Vereinigung. Bezüglich des ersteren Aspekts lassen sich keine Gründe finden, Minderjährigen besondere Beschränkungen aufzuerlegen. Da die Vereinsgründung als solche keinen (präventiven) Kontrollmaßnahmen ausgesetzt werden darf[118], ist z. B. das Zulassungserfordernis für politische Schülervereinigungen nach § 106 SHSchG verfassungswidrig[119]. Im übrigen gelten auch für Minderjährige hier nur die Schranken des Art. 9 Abs. 2 GG[120]. Die Betätigungsfreiheit von Vereinigungen Minderjähriger wirft insofern keine Probleme auf, als nach allgemeiner Meinung die Vereinigungsfreiheit garantiert, daß das, was dem einzelnen erlaubt ist, auch gemeinsam getan werden kann[121]. Soweit also die Funktionsfähigkeit der Schule dem Schüler bei der selbständigen Grundrechtsausübung keine Schranken setzt,

---

[115] *v. Münch*, Grundgesetz-Kommentar, Art. 8, Rdnr. 6 m. Hw. auf *Herzog*, in: Maunz / Dürig, Grundgesetz, Art. 8, Rdnr. 17.

[116] *Herzog*, in: Maunz / Dürig, Grundgesetz, Art. 8, Rdnr. 17; *v. Münch*, in: Bonner Kommentar, Art. 8, Rdnr. 4 hält wegen der mit der Abhaltung von Versammlungen häufig verbundenen rechtlichen Verpflichtungen die Zuerkennung des Grundrechts an geschäftsunfähige Jugendliche (§ 104 BGB) für wenig sinnvoll und will als Richtschnur die beschränkte Geschäftsfähigkeit wählen (§ 107 BGB).

[117] Siehe oben Kap. 4.3.2.3, Fallgruppe 3 am Ende.

[118] Vgl. *Scholz*, in: Maunz / Dürig, Grundgesetz, Art. 9, Rdnr. 115 m. w. Nw. in Anm. 3.

[119] So auch *DJT*, Schule im Rechtsstaat, S. 298.

[120] Zu den in der Grundrechtsausübung liegenden rechtsgeschäftlichen Verpflichtungen siehe oben Kap. 4.3.2.3, Fallgruppe 3.

[121] Vgl. *Stein*, Staatsrecht, § 11 III 3 (S. 136 f.).

4.3 Eigene Stellungnahme

kann auch seine Betätigung als Mitglied einer Schülervereinigung im Schulbereich nicht beschränkt werden.

Im Zusammenhang mit Art. 9 Abs. 3 GG wird in der Literatur und Rechtsprechung die Frage erörtert, ob minderjährige Arbeitnehmer ihr Koalitionsrecht auch ohne Zustimmung ihres gesetzlichen Vertreters wahrnehmen können. Teilweise wird dabei auf die Einsichts- und Urteilsfähigkeit des Minderjährigen abgestellt[122]. Auch wird vertreten, daß die §§ 106 ff. BGB hier entsprechend anzuwenden seien[123]. Andere Autoren wiederum halten den Minderjährigen im Bereich des Art. 9 Abs. 3 GG in vollem Umfang für grundrechtsmündig[124]. Dieser Auffassung ist insofern zuzustimmen, als auch hier keine Gründe ersichtlich sind, dem Minderjährigen die Ausübung dieses Grundrechts gegenüber dem Staat vorzuenthalten. Sozialpolitisches Bewußtsein und Engagement wird im übrigen kaum anders entstehen können, als durch möglichst frühzeitige Ausübung eines solchen Freiheitsrechts.

Die in Art. 16 Abs. 2 GG enthaltenen Garantien stehen auch dem Minderjährigen zu. Unproblematisch erscheint es auch, dem Minderjährigen das Recht zuzubilligen, sich auf Auslieferungsverbot und Asylrecht selbst zu berufen[125]. Der Gesetzgeber hat in Ausgestaltung des Art. 16 Abs. 2 Satz 2 GG die Rechtsstellung des minderjährigen Ausländers so geregelt, daß dieser bis zur Vollendung des 16. Lebensjahres keiner Aufenthaltserlaubnis bedarf (§ 2 II Nr. 1 AuslG). Insofern erübrigt es sich für den Minderjährigen bis zu diesem Zeitpunkt sein Asylrecht auszuüben. Mit Vollendung des 16. Lebensjahres kann er dann nicht nur dieses Recht selbst wahrnehmen, sondern er ist auch nach § 6 AsylVfG selbst handlungsfähig im Asylverfahren. In Abweichung von seiner früheren Rechtsprechung erkennt das Bundesverwaltungsgericht jedoch einen Asylanspruch des Minderjährigen aus Art. 16 Abs. 2 Satz 2 GG (i. V. m. Art. 6 Abs. 2 GG) nicht mehr allein deshalb

---

[122] Vgl. *Kittner*, AuR 1971, 280 (291).

[123] *Woltereck*, AuR 1965, 193 (196); *Reuter*, Kindesgrundrechte und elterliche Gewalt, S. 222; unhaltbar erscheint insoweit die Ansicht von *Lenz*, in: Hamann / Lenz, Grundgesetz-Kommentar, Art. 9, B 4: „Es bestehen (um der Rechtsstaatlichkeit willen) keine Bedenken, die Vereinigungsfreiheit auf volljährige Deutsche zu beschränken".

[124] *Kuhn*, Grundrechte und Minderjährigkeit, S. 93 m. w. Nw. in Fn. 135; *Kube*, DB 1968, 1126 (1130) hält insoweit die §§ 106 ff. BGB für verfassungswidrig; *Scholz*, in: Maunz / Dürig, Grundgesetz, Art. 9, Rdnr. 177 sieht in der Ermächtigung der Erziehungsberechtigten zum Eintritt in ein Dienst- oder Arbeitsverhältnis gemäß § 113 I BGB auch die Zustimmung zum Beitritt in eine Gewerkschaft; *Kittner*, AuR 1971, 280 (291) hält die Minderjährigen für „koalitionsmündig", die auch „arbeitsmündig" seien; s. a. *Gefaeller*, Entstehung und Bedeutungswandel der Arbeitsmündigkeit (§ 113 BGB), S. 89 ff.

[125] Für das Auslieferungsverbot (Art. 16 Abs. 2 Satz 1 GG) so auch *Krüger*, FamRZ 1956, 329 (331).

an, weil der Minderjährige Familienangehöriger eines politisch Verfolgten ist[126].

Das Petitionsrecht nach Art. 17 GG kann nach überwiegender Meinung auch von Minderjährigen selbst ausgeübt werden[127].

Ob Art. 101 GG ein Grundrecht ist oder ob es sich nur um ein grundrechtsähnliches Recht handelt, ist umstritten[128], kann aber dahingestellt bleiben. Da Art. 101 GG an die Parteifähigkeit anknüpft[129], steht er Minderjährigen ebenso zu wie auch die in Art. 103 GG enthaltenen Garantien[130]. Dies beinhaltet, daß sich ein Minderjähriger als Prozeßpartei auf die in den Art. 101 und Art. 103 GG enthaltenen Rechte auch selbst berufen kann[131].

Auch Art. 104 GG ist „in seiner Gesamtheit ohne jede Einschränkung auf Minderjährige anwendbar"[132]. Ob eine Freiheitsentziehung vorliegt, richtet sich danach, ob sie gegen den Willen des Minderjährigen erfolgt. Dabei ist auf den natürlichen Willen des Betroffenen abzuheben, nicht auf dessen Geschäftsfähigkeit[133]. Unzutreffend ist es demnach, eine Freiheitsentziehung bereits begrifflich abzulehnen, weil die gesetzlichen Vertreter entgegen dem natürlichen Willen des Minderjährigen ihr Einverständnis mit der staatlich angeordneten Unterbringung des Minderjährigen erklären[134]. Der Streit, ob Art. 104 Abs. 2 GG nur bei staatlichen Maßnahmen eingreift oder auch die Rechtsverhältnisse zwischen Eltern bzw. Vormund und Minderjährigen berührt, ist durch Einführung des § 1631 b i. V. m. § 1800 BGB entschieden. Auch die Unterbringung des Kindes durch die Eltern bzw. den Vormund setzt danach eine vormundschaftsgerichtliche Genehmigung voraus.

---

[126] Vgl. BVerwG DÖV 1983, 249 ff.

[127] *Dürig*, in: Maunz / Dürig, Grundgesetz, Art. 17, Rdnr. 25; auch *Lenz*, in: Hamann / Lenz, Das Grundgesetz, Art. 17, B 1, stellt hier lediglich auf die „natürliche Handlungsfähigkeit" ab; a. A. *Rauball*, in: v. Münch, Grundgesetz-Kommentar, Art. 17, Rdnr. 5, der den Minderjährigen nur dann für grundrechtsmündig hält, wenn er rein tatsächlich in der Lage ist, eine Petition vorzubringen und deren Bedeutung sowie den Inhalt des Bescheids gedanklich zu erfassen vermag; *v. Mangoldt / Klein*, Das Bonner Grundgesetz, Vorbem. B XV 2 c (S. 127 f.) will das Petitionsrecht mit dem Wahlrecht verbinden.

[128] Vgl. *Rauball*, in: v. Münch, Grundgesetz-Kommentar, Art. 101, Rdnr. 7 m. w. Nw.

[129] Zur Parteifähigkeit des Minderjährigen siehe unten Kap. 6.1.

[130] *Rauball*, in: v. Münch, Grundgesetz-Kommentar, Art. 101, Rdnr. 5, Art. 103, Rdnr. 3; *Maunz*, in: Maunz / Dürig, Grundgesetz, Art. 101, Rdnr. 7.

[131] Für Art. 103: *Rauball*, in: v. Münch, Grundgesetz-Kommentar, Art. 103, Rdnr. 3; *Krüger*, FamRZ 1956, 329 (331) schließt dieses Ergebnis aus der strafrechtlichen Verantwortlichkeit des Jugendlichen.

[132] Vgl. *Rauball*, in: v. Münch, Grundgesetz-Kommentar, Art. 104, Rdnr. 2.

[133] *Rauball*, in: v. Münch, Grundgesetz-Kommentar, Art. 104, Rdnr. 3; *Saage / Göppinger*, Freiheitsentziehung und Unterbringung, § 2, Rdnr. 19.

[134] So aber noch *Dürig*, in: Maunz / Dürig, Grundgesetz, Art. 104, Rdnr. 11.

4.3.2.5 *Zwischenergebnis*

Die Betrachtung der Fallgruppen sowie der Grundrechte im einzelnen hat ergeben, daß die Konsequenzen der hier vertretenen These der umfassenden Grundrechtsgeltung für alle Menschen mit den Wertungen des Grundgesetzes in Einklang stehen. Verfassungsrechtlich verankerte öffentliche oder private Interessen werden durch die Anerkennung der Grundrechtsgeltung für Minderjährige nicht verletzt. Die Grenzen der Grundrechtsausübung durch den Minderjährigen beruhen teilweise auf natürlichen Unfähigkeiten und bedürfen keiner besonderen rechtlichen Erfassung durch Einführung der Grundrechtsmündigkeit. Aber auch soweit der Minderjährige zur Ausübung seiner Grundrechte selbst in der Lage ist, brauchen auf Verfassungsebene keine besonderen rechtlichen Grenzen gezogen zu werden. Die Rechtsbeziehungen zwischen dem Minderjährigen und dem Staat lassen sich — je nach Beschränkbarkeit des betroffenen Grundrechts — in befriedigender Weise durch einfach-gesetzliche Normen regeln. Dabei ist der Gesetzgeber gemäß Art. 1 Abs. 3 GG an die durch die Grundrechte statuierte Wertordnung gebunden.

5. Elternrecht und Selbstbestimmungsrecht des Minderjährigen

5.1 Einführung und Problemstellung

Die Rechtsbeziehungen zwischen dem Minderjährigen und dem Staat können nicht isoliert von dem in Art. 6 Abs. 2 Satz 1 GG verfassungsrechtlich verankerten Erziehungsrecht der Eltern betrachtet werden. Dieser Zusammenhang soll im folgenden im Hinblick auf die Grundrechtsgeltung für Minderjährige untersucht werden. Bei der rechtlichen Betrachtung der Beziehung zwischen dem Minderjährigen und dem Staat einerseits sowie den Eltern und dem Staat andererseits kann zudem die interne Situation der Familie nicht unberücksichtigt bleiben. Die vermehrte Einflußnahme gesellschaftlicher Kräfte auf die Erziehung hat einen Autoritätsverlust der Eltern zur Folge. Auseinandersetzungen zwischen Eltern und Kindern sind deshalb häufiger als zu der Zeit, in der sich Jugendliche noch widerspruchsloser elterlicher Autorität gebeugt haben. Diese Situation stellt auch an die Rechtsordnung erhöhte Anforderungen. Jugendliche haben nach dem Grundgesetz einen Anspruch auf Freiheit zur Selbstbestimmung. In der „intakten Familie" gewähren die Eltern ihren Kindern die zur Selbstbestimmung erforderliche Hilfestellung. Für Konfliktfälle aber sollte ein Rechtssystem bereitstehen, das das Selbstbestimmungsrecht des Minderjährigen ebenso berücksichtigt wie es berechtigte elterliche Einflußmöglichkeiten auf die Entwicklung des Minderjährigen anerkennt. Die Berücksichtigung dieser beiderseitigen Rechte und Interessen führt zu der Frage, ob das Recht und die Pflicht der Eltern zur Pflege und Erziehung ihres Kindes aus Art. 6 Abs. 2 Satz 1 GG zu einer Beschränkung der Grundrechtsgeltung für den Minderjährigen führen kann. Besteht eine konkurrierende Zuständigkeit von Eltern und Kindern zur Ausübung der Kindesgrundrechte oder können die Eltern sogar primär für das Kind dessen Grundrechte ausüben? Auch bei dieser Problematik hat im Rahmen einer verfassungsrechtlichen Untersuchung das Verhältnis des Minderjährigen bzw. der Eltern zum Staat im Mittelpunkt der Betrachtung zu stehen.

5.2 Inhalt des Elternrechts

Nach voranstehenden Ausführungen ist ein Minderjähriger grundsätzlich wie ein Volljähriger berechtigt, seine Grundrechte selbst auszuüben. Andererseits ist in Art. 6 Abs. 2 Satz 1 GG das Recht und die Pflicht der Eltern verankert, ihr Kind zu pflegen und zu erziehen. Um herauszufinden, ob das Elternrecht damit auch die Ausübung der Grundrechte des Kindes umfassen kann, ist zunächst auf den Inhalt des Elternrechts einzugehen.

Während früher das Elternrecht noch als Beherrschungsrecht an fremden Personen verstanden wurde[1], wird es in neuerer Zeit zunehmend als ein Recht im Interesse des Kindes definiert, das nicht eigennützigen Interessen der Eltern, sondern dem Wohle des Kindes dient[2]. „Insoweit ist das elterliche Erziehungsrecht ein dienendes Grundrecht, nicht primär ein Grundrecht zur Selbstverwirklichung der Eltern, sondern zur Entfaltungshilfe der Kinder, ebensosehr Grundpflicht wie Grundrecht[3]." Dabei wird die Fürsorge der Eltern nicht als Gegenpol der individuellen Freiheit des Kindes gesehen, sondern als Mittel, mit dem sich die Freiheit „in Lebensphasen des Betreuten entfaltet, in denen er selbst nicht über die Fähigkeit zur Selbstverwirklichung in Selbstbestimmung verfügt"[4].

---

[1] Vgl. *Gernhuber*, FamRZ 1962, 89 m. w. Nw. in Anm. 2; auch *Ossenbühl*, Das elterliche Erziehungsrecht im Sinne des Grundgesetzes, S. 50 f. spricht zunächst noch vom Elternrecht als einem „Bestimmungsrecht über andere".

[2] *Gernhuber*, FamRZ 1962, 89 (92); *Stein*, Das Recht des Kindes auf Selbstentfaltung in der Schule, S. 29; *Staudinger / Donau*, Kommentar zum BGB, § 1626, Rdnr. 2; BVerfGE 59, 360 (382); a. A. ausdrücklich *Lüderitz*, AcP 178 (1978), 263 (267), der behauptet: „Elternrecht ist zunächst ‚eigennütziges' Recht"; *Becker*, RdJ 1970, 364 (365), zum Elternrecht: „... das Recht ist eben von den Eltern her und nicht vom Kind her gestaltet". Siehe auch *Schmitt-Kammler*, Elternrecht und schulisches Erziehungsrecht nach dem Grundgesetz, S. 29; Eine vermittelnde Position vertritt *Schmitt Glaeser*, Das elterliche Erziehungsrecht in staatlicher Reglementierung, S. 54: „In der Kombination eines so verstandenen eigennützigen Elternrechts mit den Kindesinteressen ergibt sich, daß das Grundrecht im Sinne des Art. 6 Abs. 2 Satz 1 GG ein Recht im Interesse der Familie ist."

[3] *Ossenbühl*, Das elterliche Erziehungsrecht im Sinne des Grundgesetzes, S. 51.

[4] *Gernhuber*, FamRZ 1962, 89 (92); vgl. auch *Diederichsen*, FamRZ 1978, 461 (463): „Wenn die Eltern nach dem ‚natürlichen' Erziehungsauftrag des Art. 6 II 1 GG gerade auf die Entfaltung der Persönlichkeit des Kindes hinarbeiten, können die Erfolge einer solchen Persönlichkeitsförderung, nämlich die selbständigen Regungen der eigenen Individualität des Kindes nicht als Gegenpol begriffen werden."

5.3 Einfluß des Elternrechts auf die Grundrechtsausübung des Minderjährigen

Da das Elternrecht im Interesse und zum Wohle des Kindes besteht, hält Donau die Eltern für die „Sachwalter des in Art. 2 Abs. 1 GG gewährleisteten Persönlichkeitsrechts des Kindes"[5]. Ossenbühl bezeichnet die „treuhänderische Wahrnehmung von Grundrechten der Kinder durch die Eltern" als „Grundrechtstreuhand"[6]. Nach Groß ist die Ausübung der Grundrechte des Minderjährigen „grundsätzlich Sache der Erziehungsberechtigten"[7]. Weiter noch geht Schmitt-Kammler. Er gesteht den Eltern nicht nur zu, die Grundrechte des Kindes wahrzunehmen[8]. Vielmehr obliege den Eltern auch die Festlegung des Grundrechtsinhalts, wenn das Kind nicht in der Lage sei, „die zur Ausübung dieser Grundrechte notwendigen eigenen Positionen zu entwickeln, ein staatlicher Schutz des Kindes und seiner Grundrechte findet insoweit nicht statt"[9].

Die Frage, ob Grundrechte überhaupt durch einen anderen als den Grundrechtsträger selbst ausgeübt werden können, wurde bereits behandelt[10]. Dabei wurde das Ergebnis gewonnen, daß zunächst nur dann ein Grundrecht von einem anderen Rechtsträger wahrgenommen werden kann, wenn es nicht die Selbstbestimmung als solche schützt (wie insbesondere das in Art. 2 Abs. 1 GG verankerte Autonomierecht), da sonst nicht Selbstbestimmung, sondern Fremdbestimmung vorliegt. Zudem wurde festgestellt, daß ein inhaltlicher Grund hinzukommen muß, der die Grundrechtsausübung durch einen anderen als den Minderjährigen selbst rechtfertigt. Als solcher wurde allein das Schutzbedürfnis des Minderjährigen anerkannt. An dieser Stelle ist nun der Frage nachzugehen, ob das Schutzbedürfnis des Minderjährigen es erforderlich macht, daß die Eltern dessen Grundrechte ausüben. Nur dann kann das Elternrecht, das seiner Natur nach am Wohl des Kindes orientiert ist, die Ausübung der Kindesgrundrechte beinhalten.

Die Vertretung der Interessen des Minderjährigen gegenüber dem Staat könnte durch Wahrnehmung der Kindesgrundrechte seitens der

---

[5] *Staudinger / Donau*, Kommentar zum BGB, § 1626, Rdnr. 2.

[6] *Ossenbühl*, FamRZ 1977, 533 f.; gegen das Elternrecht als treuhänderisches Recht ausdrücklich *Fehnemann*, Die Innehabung und Wahrnehmung von Grundrechten im Kindesalter, S. 40, Fn. 76.

[7] *Groß*, RdJ 1965, 149 (150); siehe auch *Reuter*, Kindesgrundrechte und elterliche Gewalt, S. 185.

[8] *Schmitt-Kammler*, Elternrecht und schulisches Erziehungsrecht nach dem Grundgesetz, S. 20.

[9] *Schmitt-Kammler*, Elternrecht und schulisches Erziehungsrecht nach dem Grundgesetz, S. 24.

[10] Siehe oben Kap. 3.2.1.

5.3 Einfluß des Elternrechts auf die Grundrechtsausübung

Eltern erfolgen. Diese Interessenvertretung ist jedoch rechtsdogmatisch als eine Ausübung des Elternrechts nach Art. 6 Abs. 2 Satz 1 GG selbst anzusehen. Auch durch Geltendmachung ihres Elternrechts gegenüber dem Staat können die Eltern für eine Sicherung der Rechte des Minderjährigen sorgen. Die „Pflege und Erziehung der Kinder" umfaßt alle erdenklichen Maßnahmen, die der Schutz des Minderjährigen erforderlich macht. Eine Ausübung der Kindesgrundrechte durch die Eltern ist insofern nicht geboten. Wenn die Grundrechte des Minderjährigen allein von diesem ausgeübt werden und die Eltern ausschließlich ihr Elternrecht wahrnehmen, wird zudem aufgedeckt, daß Interessenkonflikte zwischen Eltern und Kindern bestehen können, die einer Lösung zugeführt werden müssen. Ein Eingriff der Eltern in die Selbstbestimmung des Minderjährigen aus Schutzzwecken ist insofern immer als Ausübung des Elternrechts aus Art. 6 Abs. 2 Satz 1 GG anzusehen. Dabei wirkt das Handeln der Eltern gegenüber der Grundrechtsausübung des Minderjährigen nicht verdrängend, sondern unterstützend.

Damit, daß die Eltern allein auf die Geltendmachung ihres Elternrechts verwiesen werden, sind mögliche Interessengegensätze zwischen Eltern und Minderjährigen zwar offengelegt aber nicht beseitigt[11]. Fraglich ist, ob im Konfliktfall gegenüber dem Staat die Grundrechtsausübung durch den Minderjährigen selbst oder die Ausübung des Elternrechts Vorrang hat. Dabei kann es hier keine Rolle spielen, ob die Eltern tätig werden oder ein Vormund handelt[12]. Der Staat sieht sich einerseits dem Elternrecht, andererseits den Grundrechten des Kindes verpflichtet. Berücksichtigt man nun, daß das Elternrecht seiner Natur nach am Kindeswohl, d. h. an den Interessen des Kindes orientiert ist, so folgt daraus, daß im Konfliktfall das Kindesrecht in dem Sinne vorrangig Beachtung finden muß, daß eine ihm widersprechende Ausübung des Elternrechts von Art. 6 Abs. 2 Satz 1 GG nicht gedeckt wäre[13]. Allein die Berücksichtigung des wirklichen (nicht des mutmaßlichen) Willens des Minderjährigen kann dessen verfassungsrechtlich

---

[11] Dise Konflikte lassen sich wohl kaum durch eine rechtliche „Harmonisierung" lösen, wie sie *Schmitt Glaeser*, Das elterliche Erziehungsrecht in staatlicher Reglementierung, S. 56, vornimmt. Nach seiner Ansicht sind die Kindesgrundrechte in Art. 6 Abs. 2 Satz 1 GG selbst angelegt, sie werden in der dort verankerten Elternverantwortung voll mitberücksichtigt und bedürfen darüber hinaus keiner zusätzlichen Beachtung mehr".

[12] Siehe auch *Dürig*, in: Maunz / Dürig, Grundgesetz, Art. 19 Abs. III, Rdnr. 20 m. Hw. auf *Gernhuber*, FamRZ 1962, 89 (92); vgl. auch *Peters*, Die Grundrechte IV 1, 369 (375 f.) m. Hw. auf v. Mangoldt / Klein, Art. 6 Anm. IV 2 b (S. 271 ff.), der unter Eltern im Sinne des Art. 6 Abs. 2 GG auch „rechtliche (juristische) Eltern (Eltern im Rechtssinne)" versteht.

[13] Unhaltbar erscheint die von *Peters*, Die Grundrechte IV 1, 369 (396) vertretene gegenteilige Auffassung: „Das grundgesetzlich fundierte Erziehungsrecht geht der Freiheit des Kindes vor."

gewährleistetem Selbstbestimmungsanspruch gerecht werden[14]. Andererseits ist zu beachten, daß sich der Minderjährige durch die Grundrechtsausübung Gefahren aussetzen kann. Aus dieser Rechts- und Interessenlage läßt sich die These aufstellen, daß die Ausübung des Elternrechts dann (und nur dann) Vorrang vor der Grundrechtsausübung durch den Minderjährigen hat, wenn im Einzelfall die konkrete Vermutung besteht, daß der Minderjährige die Vor- und Nachteile seines Handelns nicht überschaut[15]. Die Eltern müssen also im Einzelfall darlegen, warum ihr Eingreifen geboten war. Damit entsteht quasi eine Umkehr der Beweislast[16], die bewirkt, daß das Selbstbestimmungsrecht des Minderjährigen grundsätzlich die Ausübung des Elternrechts verdrängt, es sei denn, daß zum Schutz des Minderjährigen ein Handeln der Eltern geboten wäre. Damit ist „das Problem des ‚wachsenden Kindesrechts und des weichenden Elternrechts' ... keine Frage von Grundrechtskollisionen, sondern ausschließlich eine Frage der inhaltlichen Bindung und Begrenzung des elterlichen Erziehungsrechts"[17]. Die wirksame Wahrnehmung der Rechte des Kindes erfordert deshalb keine Beschränkung der Grundrechtsgeltung für den Minderjährigen durch Einführung der Grundrechtsmündigkeit als Voraussetzung selbständiger Grundrechtsausübung. Sie ist vielmehr bereits durch das im Grundgesetz normierte Zusammenspiel der Grundrechte des Minderjährigen und des Elternrechts ausreichend gesichert.

Im einzelnen kann dem Grundgesetz eine Regelung von Konflikten zwischen Eltern und Minderjährigem bezüglich der Grundrechtsausübung durch den Minderjährigen nicht entnommen werden[18]. Unter Berücksichtigung des hier herausgestellten verfassungsrechtlichen Rahmens ist es Aufgabe des Gesetzgebers, diese Interessenkonflikte im Bereich des Privatrechts zum Ausgleich zu bringen.

---

[14] Der gegenteiligen Auffassung von *Schwerdtner*, AcP 173 (1973), 227 (242 f. Anm. 63) ist insofern nicht zu folgen.

[15] Etwas fragwürdig argumentiert hier *Stöcker*, ZRP 1974, 211 (212): „... in dem Maße, in dem ein junger Mensch in das Grundrecht des Art. 2 Abs. 1 GG hineinwächst, verliert er die Eigenschaft eines ‚Kindes' im Sinne des Art. 6 Abs. 2 Satz 1 GG".

[16] Vgl. *Kittner*, AuR 1971, 280 (284); auch *Schwerdtner*, AcP 173 (1973), 227 (231) spricht hier von einer Umkehr der Beweislast, die die Eltern dazu zwinge, die Gründe für die Ausübung elterlicher Gewalt darzulegen.

[17] *Ossenbühl*, Das elterliche Erziehungsrecht im Sinne des Grundgesetzes, S. 55 m. w. Nw. in Fn. 59.

[18] In diesem Zusammenhang so auch *Diederichsen*, FamRZ 1978, 461 (462): „Für die Feineinstellung der Abgrenzung sollte man nicht das Grundgesetz bemühen, da es dafür weder gedacht noch ergiebig ist."

5.4 Elterliches Sorgerecht als einfachgesetzliche Ausgestaltung des Zusammenspiels der Grundrechte des Minderjährigen und des Elternrechts

Die Grundrechtsgeltung bliebe für Minderjährige dann bedeutungslos, wenn sie durch beschränkende Maßnahmen der Eltern aufgrund des elterlichen Sorgerechts unterlaufen werden könnte. Welchen Sinn hat es beispielsweise, dem Minderjährigen die selbständige Ausübung der Meinungs- und Versammlungsfreiheit zuzugestehen, wenn ihm die Eltern in Wahrnehmung des elterlichen Sorgerechts die Teilnahme an einer Demonstration verbieten können, weil er seine Hausaufgaben nicht gemacht hat[19]? Wenn man die unmittelbare Grundrechtsgeltung im Privatrechtsverkehr ablehnt, kann die Ausübung der elterlichen Sorge gegenüber dem Minderjährigen nicht gegen Art. 8 GG verstoßen. Jedoch ist der Zivilgesetzgeber nach Art. 1 Abs. 3 GG an die Wertordnung der Grundrechte gebunden[20]. Er muß deshalb das bürgerlich-rechtliche Verhältnis zwischen Eltern und minderjährigen Kindern so ausgestalten, daß die verfassungsrechtlich gewährleistete Selbstbestimmung des Minderjährigen nicht leerläuft. Wie der Gesetzgeber im einzelnen das Selbstbestimmungsrecht des Minderjährigen und das Elternrecht zum Ausgleich bringt, unterfällt seiner Gestaltungsfreiheit. Diese gibt ihm bei der gesetzlichen Ausgestaltung der Grundrechte einen weiten Spielraum. Vom Bundesverfassungsgericht kann nur nachgeprüft werden, ob die äußersten Grenzen dieses Bereichs überschritten sind. „Ob der Gesetzgeber die zweckmäßigste, vernünftigste oder gerechteste Lösung gefunden hat, ist vom Bundesverfassungsgericht nicht zu prüfen[21]." Hier liegt nach voranstehend entwickelter These die Grenze der gesetzgeberischen Gestaltungsfreiheit dort, wo die Eltern über die zum Schutz des Minderjährigen erforderlichen Erziehungsmaßnahmen hinaus zu Eingriffen in die Selbstbestimmung des Minderjährigen ermächtigt werden.

---

[19] Dieses Problem scheint *Peters*, Die Grundrechte IV 1 S. 369 (394) nicht zu sehen. Nach seiner Ansicht „können die Mitgliedschaft in Vereinen, die Teilnahme an Versammlungen, die freie Meinungsäußerung, ja selbst eine bestimmte religiöse und weltanschauliche Betätigung dem Kinde von den Erziehungsberechtigten, insbesondere den Eltern, untersagt oder umgekehrt geboten werden".

[20] Vgl. *Schmitt Glaeser*, Das elterliche Erziehungsrecht in staatlicher Reglementierung, S. 53; auch nach *Ossenbühl*, Das elterliche Erziehungsrecht im Sinne des Grundgesetzes, S. 55, sind die Grundrechtsvorschriften für die inhaltlichen Bindungen und Grenzen des elterlichen Erziehungsrechts nicht ohne Belang; *Dürig*, in: Maunz / Dürig, Grundgesetz, Art. 19 Abs. III, Rdnr. 18, fragt, „ob es die in den Grundrechten statuierte Wertordnung gebietet, die grundrechtlichen Positionen des Kindes auch dort heranzuziehen, wo die Zulässigkeit der Überlagerung von Entscheidungsbefugnissen des Kindes durch die Eltern ... in Frage steht".

[21] Ständige Rechtsprechung, vgl. BVerfGE 36, 174 (189).

Ob alle zivilrechtlichen Normen insofern der Wertordnung der Grundrechte entsprechen, erscheint fraglich[22]. Der Gesetzgeber hat das Selbstbestimmungsrecht des Minderjährigen teilweise als ein das Elternrecht beschränkendes Moment berücksichtigt. Hier ist z. B. § 1631 a BGB zu nennen, der ein Eingreifen des Vormundschaftsgerichts vorsieht, falls die Eltern „in Angelegenheiten der Ausbildung und des Berufes" auf Eignung und Neigung des Kindes keine Rücksicht nehmen. § 1626 II BGB verpflichtet die Eltern generell zur Berücksichtigung der wachsenden Selbständigkeit des Kindes. Aber auch hier ist kein Mitentscheidungs-, geschweige denn Alleinentscheidungsrecht des Minderjährigen vorgesehen. Kommt eine Einigung zwischen Eltern und Kindern nicht zustande, so entscheiden die Eltern allein[23]. Lediglich in einigen Teilbereichen hat der Gesetzgeber die zivilrechtliche Mündigkeit des Minderjährigen vor die Volljährigkeitsgrenze verlegt[24]. In der Literatur wird darüber hinaus insbesondere im Bereich der sogenannten höchstpersönlichen Entscheidungen (wie z. B. der Einwilligung in eine Operation) für vermehrten Einfluß des Minderjährigen plädiert. So will Beitzke bei allen die Persönlichkeitssphäre stark tangierenden Geschäften oder Rechtshandlungen dem 14jährigen Minderjährigen mit Zustimmung der gesetzlichen Vertreter die Ausübung generell überlassen[25]. Aber auch weitergehende Vorschläge sind in diesem Bereich zu finden. Nach Schwerdtner sind Handlungen, „wenn sie das Persönlichkeitsrecht des Minderjährigen tangieren, von diesem selbst vorzunehmen, sobald die entsprechende Einsichtsfähigkeit vorhanden ist ... Hält man den Minderjährigen für fähig, selbst über dieses persönliche Gut zu bestimmen, so ist er insoweit der elterlichen Gewalt überhoben. Nicht der elterliche, sondern sein eigener Wille ist entscheidend[26]." Für die Übergangsphase der sich langsam verstärkenden Einsichtsmöglichkeiten spricht sich Schwerdtner ebenso wie Beitzke dafür aus, daß die Zustimmung des gesetzlichen Vertreters Voraussetzung für selbständiges Handeln des Minderjährigen sei. Auch Lüderitz befürwortet eine vorverlagerte Teilmündigkeit, hält aber Korrektur-

---

[22] Insofern kann *Gernhuber*, FamRZ 1962, 89 (93), kaum zugestimmt werden, wenn er ausführt: „Auch der Jugendliche ist vom Gesetzgeber nicht geprellt worden: es gibt nicht eine einzige Norm des geltenden Kindschaftsrechtes, die als verfassungswidrig bezeichnet werden kann, weil sie Grundrechte der Kinder und Jugendlichen verletzt."

[23] BT-Drucks. 7/2060, S. 17; 8/2788, S. 45.

[24] Z. B. Einwilligung in die Ehelichkeitserklärung (§ 1729 II BGB): 14 Jahre; Testierfähigkeit (§ 2229 BGB): 16 Jahre.

[25] *Beitzke*, AcP 172 (1972), 240 (261).

[26] *Schwerdtner*, AcP 173 (1973), 227 (245 f.); ebenso *Reuter*, Kindesgrundrechte und elterliche Gewalt, S. 185, für „gewissens- und lebensgestaltende Entscheidungen ... Dort kommt es auf die individuell-konkrete Einsichts- und Urteilsfähigkeit des noch nicht Volljährigen an; eine konkurrierende oder gar verdrängende Zuständigkeit der Eltern scheidet aus".

5.4 Elterliches Sorgerecht als einfachgesetzliche Ausgestaltung

möglichkeiten der Eltern analog § 36 II SGB für notwendig[27]. In die gesetzliche Neuregelung des elterlichen Sorgerechts wurde ein selbständiges Entscheidungsrecht des Minderjährigen in den seine Persönlichkeit unmittelbar betreffenden Angelegenheiten jedoch nicht aufgenommen.

Abschließend bleibt festzustellen, daß auch die neueren Entwicklungen im Familienrecht dem von der Verfassung gebildeten Rahmen aus Sicht des Kindes nicht in ausreichendem Maße gerecht werden. Die Grundrechtsgeltung für Minderjährige zieht die Grenze des gesetzgeberischen Gestaltungsspielraums dort, wo elterliche Erziehungsmaßnahmen nicht mehr an das Schutzbedürfnis des Minderjährigen gebunden sind.

---

[27] *Lüderitz*, AcP 178 (1978), 263 (277).

6. Prozessuale Konsequenzen

6.1 Problemstellung

Eine 16jährige Schülerin will gegen ihre Nichtversetzung Widerspruch einlegen. Die Eltern halten es jedoch im Hinblick auf Unreife und mangelnden Fleiß ihrer Tochter für richtig, wenn diese ein zusätzliches Jahr auf der Schule verbringt. Sie weigern sich deshalb, für ihre Tochter Widerspruch einzulegen.

Ein Minderjähriger ist unstreitig beteiligtenfähig (parteifähig) in allen Gerichtsverfahren einschließlich dem Verfassungsbeschwerdeverfahren[1]. Die Anerkennung einer generellen Grundrechtsgeltung für Minderjährige kann jedoch nur dann zu einer Sicherung der Grundrechte Minderjähriger führen, wenn mit ihr auch die Möglichkeit des Minderjährigen einhergeht, die Inanspruchnahme der Grundrechte gegenüber dem Staat auch prozessual durchsetzen zu können. Es ist deshalb im folgenden zu untersuchen, welche prozessualen Möglichkeiten der Minderjährige zur Durchsetzung seiner (Grund-)Rechte nach geltendem Recht hat, um anschließend diese Rechtslage einer kritischen Würdigung zu unterziehen.

6.2 Prozeßfähigkeit Minderjähriger im Zivilprozeß

Die Prozeßfähigkeit ist die Fähigkeit, einen Prozeß selbst oder durch einen Prozeßbevollmächtigten zu führen[2]. Sie bestimmt sich im Zivil- und Verwaltungsprozeß nach der Geschäftsfähigkeit, die sich ihrerseits nach materiellem bürgerlichem oder öffentlichem Recht richtet (§§ 52 ZPO, 62 VwGO). Da sich die Regelung der Prozeßfähigkeit im Verwaltungsprozeß weitgehend an die Prozeßfähigkeit im Zivilprozeß anlehnt, ist zunächst auf letztere einzugehen.

---

[1] Für die h. M. vgl. z. B. *Fehnemann*, Die Innehabung und Wahrnehmung von Grundrechten im Kindesalter, S. 25 und 28/29.
[2] *Eyermann / Fröhler*, Verwaltungsgerichtsordnung, § 62, Rdnr. 1; *Kopp*, Verwaltungsgerichtsordnung, § 62, Anm. 1; *Redeker / v. Oertzen*, Verwaltungsgerichtsordnung, § 62, Anm. 1; *Baumbach / Lauterbach*, Zivilprozeßordnung, § 51, Anm. 1.

Im Zivilprozeß ist nach § 52 ZPO prozeßfähig, wer sich vertraglich verpflichten kann. Vertraglich verpflichten kann sich nur der voll Geschäftsfähige. Die Prozeßfähigkeit im Zivilprozeß bestimmt sich also nach der Geschäftsfähigkeit bürgerlichen Rechts. Gemäß § 104 Nr. 1 BGB sind Kinder unter 7 Jahren geschäftsunfähig. Minderjährige über 7 Jahre sind nach § 106 BGB in der Geschäftsfähigkeit beschränkt. Volle Geschäftsfähigkeit steht dem Minderjährigen nur in folgenden Ausnahmefällen zu: nach § 112 BGB ist ein Minderjähriger, der zum selbständigen Betrieb eines Erwerbsgeschäfts ermächtigt ist, für die Rechtsgeschäfte unbeschränkt geschäftsfähig, die der Betrieb mit sich bringt; § 113 BGB sieht volle Geschäftsfähigkeit eines Minderjährigen für die Rechtsgeschäfte vor, die im Zusammenhang mit einem Dienst- oder Arbeitsverhältnis stehen, zu dessen Eingehung der Minderjährige ermächtigt ist. Im Zusammenhang mit letzterem Fall ist die Befugnis eines minderjährigen Jugendvertreters zu nennen, wegen Verletzung seiner Rechte aus §§ 60 ff. BetrVG vorzugehen. In den beiden hier genannten Bereichen sind Minderjährige ausnahmsweise befugt, sich vertraglich zu verpflichten und sind damit gemäß § 52 ZPO in einem Zivilprozeß prozeßfähig.

6.3 Prozeßfähigkeit Minderjähriger im Verwaltungsprozeß

Die Handlungsfähigkeit im Verwaltungsverfahren bzw. die Prozeßfähigkeit im Verwaltungsprozeß wird in enger Anlehnung an die Regelung der Prozeßfähigkeit im Zivilprozeß, damit an die Geschäftsfähigkeit nach bürgerlichem Recht definiert. Handlungsfähig im Verwaltungsverfahren bzw. prozeßfähig im Verwaltungsprozeß sind die nach bürgerlichem Recht Geschäftsfähigen sowie die beschränkt Geschäftsfähigen, soweit sie für den Gegenstand des Verfahrens durch Vorschriften des bürgerlichen bzw. öffentlichen Rechts als geschäftsfähig (bzw. handlungsfähig) anerkannt sind (§§ 12 VwVfG, 62 VwGO). Über die in den §§ 112 f. BGB genannten Fälle unbeschränkter Geschäftsfähigkeit Minderjähriger hinaus besteht nach öffentlichem Recht nur in wenigen zusätzlichen Ausnahmen die Möglichkeit Minderjähriger, selbst Verwaltungsverfahren bzw. -prozesse anzustrengen. Als Beispiele sind hier zu nennen:

— das Recht des Minderjährigen, ab dem vollendeten 15. Lebensjahr Sozialleistungen zu beantragen und entgegenzunehmen (§ 36 SGB);

— das Recht des Minderjährigen, ab dem vollendeten 16. Lebensjahr Verfahrenshandlungen nach dem Asylverfahrensgesetz vorzunehmen (§ 6 AsylVfG).

Ob in diesen Fällen neben oder an Stelle des Minderjährigen der gesetzliche Vertreter prozessuale Rechte wahrnehmen kann, ist umstritten[3].

6.4 Prozeßfähigkeit Minderjähriger im Verfassungsbeschwerdeverfahren

Das Bundesverfassungsgerichtsgesetz enthält keine Bestimmung zur Prozeßfähigkeit im Verfahren vor dem Bundesverfassungsgericht. Nach der Rechtsprechung des Bundesverfassungsgerichts gelten hier jedoch einige Besonderheiten gegenüber voranstehenden Ausführungen zur Prozeßfähigkeit im Verwaltungsprozeß. „Wegen der besonderen Eigenart der verfassungsgerichtlichen Verfahren können im Verfahren vor dem Bundesverfassungsgericht die Bestimmungen anderer Verfahrensordnungen, z. B. des § 52 der Zivilprozeßordnung und des § 62 der Verwaltungsgerichtsordnung, die hinsichtlich der Prozeßfähigkeit an die Geschäftsfähigkeit anknüpfen, nicht ohne weiteres entsprechend angewendet werden (BVerfGE 1, 87 [89])[4]." In diesem Sinne wies das Bundesverfassungsgericht darauf hin, daß die Beschwerdemöglichkeit eines Wahlberechtigten gemäß § 48 BVerfGG sich nach der Regelung der Wahlfähigkeit richte, auch wenn diese mit der Geschäftsfähigkeit auseinanderfalle[5]. Die Fähigkeit zur Einlegung einer Verfassungsbeschwerde werde von der „Ausgestaltung der einzelnen Grundrechte" mitbeeinflußt[6]. Dementsprechend entschied das Bundesverfassungsgericht auch, daß minderjährige Wehrpflichtige Verfassungsbeschwerde einlegen können, weil der noch minderjährige Wehrpflichtige für reif angesehen werde, die ihm übertragenen Aufgaben als Soldat zu erfüllen[7]. Als weiteres denkbares Beispiel für die Prozeßfähigkeit eines Minderjährigen im Verfassungsbeschwerdeverfahren wies das Bundesverfassungsgericht auf die Verletzung der Religionsfreiheit hin, da hier zu berücksichtigen sei, daß das Gesetz über die religiöse Kindererziehung besondere Altersstufen für die freie Wahl eines bestimmten religiösen Bekenntnisses vorsehe[8].

Die Rechtsprechung des Bundesverfassungsgerichts ist in der Literatur zustimmend aufgenommen worden[9]. Ausgehend von der Feststel-

---

[3] Befürwortend *Fehnemann*, Die Innehabung und Wahrnehmung von Grundrechten im Kindesalter, S. 48 f. m. w. Nw. in Fn. 101.
[4] BVerfGE 19, 93 (100).
[5] BVerfGE 1, 87 (89).
[6] BVerfGE 1, 87 (89); 28, 243 (254).
[7] BVerfGE 28, 243 (254 f.); BVerwGE 7, 66 (67).
[8] BVerfGE 1, 87 (89).
[9] *Lechner*, Bundesverfassungsgerichtsgesetz, § 90, zu Abs. 1 Anm. 1 b; *Schmidt-Bleibtreu*, in: Maunz / Schmidt-Bleibtreu, Bundesverfassungsge-

lung des Bundesverfassungsgerichts, daß die Fähigkeit zur Einlegung der Verfassungsbeschwerde von der Ausgestaltung der einzelnen Grundrechte mitbeeinflußt werde, wurde nunmehr in der Literatur die Parallele zwischen Grundrechtsmündigkeit und Prozeßfähigkeit im Verfassungsbeschwerdeverfahren ausdrücklich gezogen[10].

6.5 Antragsrecht Minderjähriger im vormundschaftsgerichtlichen Verfahren

Wie der voranstehende Überblick über das einschlägige geltende Verfahrensrecht zeigt, ist der Minderjährige zur Durchsetzung seiner Rechte ganz überwiegend auf seine gesetzlichen Vertreter angewiesen. Diese Rechtslage wirft die Frage auf, welche prozessualen Möglichkeiten der Minderjährige hat, um die Durchsetzung seiner Rechte durch die Eltern zu erzwingen bzw. seine Rechte den Eltern gegenüber durchzusetzen. Erfordert Fehlverhalten der Eltern bei Ausübung der elterlichen Sorge (wie beispielsweise die Weigerung der Eltern, einen Prozeß für den Minderjährigen zu führen) Maßnahmen des Vormundschaftsgerichts nach § 1666 BGB, so fragt sich, ob der Minderjährige selbst diese Maßnahmen erzwingen kann.

Ein Minderjähriger kann nach herrschender Meinung keinen rechtswirksamen Antrag beim Vormundschaftsgericht stellen, sondern allenfalls Maßnahmen anregen[11]. Dem über 14jährigen steht lediglich nach § 59 FGG das Beschwerderecht zu, wenn das Vormundschaftsgericht Maßnahmen nach § 1666 BGB anordnet bzw. deren Anordnung ablehnt[12]. Auch dieses Beschwerderecht wurde dem Minderjährigen teilweise in den Fällen nicht zugebilligt, in denen das Vormundschafts-

---

richtsgesetz, § 90, Rdnr. 35; *Pfeiffer*, Die Verfassungsbeschwerde in der Praxis, S. 7 f.; *Zuck*, Die Verfassungsbeschwerde, S. 76; *Zweigert*, JZ 1952, 321 (324 f.).

[10] *Schmidt-Bleibtreu*, in: Maunz / Schmidt-Bleibtreu, Bundesverfassungsgerichtsgesetz, § 90, Rdnr. 35: „So wird die Fähigkeit zur Einlegung einer Verfassungsbeschwerde zunächst von der Ausgestaltung des zitierten Grundrechts abhängig sein. Bei Minderjährigen wird die sog. Grundrechtsmündigkeit zu prüfen sein."; siehe auch *Zuck*, Die Verfassungsbeschwerde, S. 76.

[11] *Gernhuber*, FamRZ 1962, 89 (91 Fn. 24); *Staudinger / Göppinger*, Kommentar zum Bürgerlichen Gesetzbuch, § 1666, Vorbem. 34 und Rz 325 m. w. Nw. und Rz. 355; *Kuntze*, in: Keidel / Kuntze / Winkler, Freiwillige Gerichtsbarkeit, Teil A, § 59, Rdnr. 2 m. w. Nw. in Fn. 2; *Jansen*, FGG, Zweiter Band, § 59, Rdnr. 12; OLG Hamm, FamRZ 1974, 29 (30); vgl. auch BT-Drucks. 7/2060, S. 16, Rdnr. 10, wo dem Heranwachsenden ein eigenständiges Antragsrecht zur vormundschaftsgerichtlichen Überprüfung elterlicher Maßnahmen ausdrücklich versagt wird, weil dieses einen zu starken Eingriff in die Familienautonomie bedeute.

[12] *Erman / Ronke*, BGB, § 1666, Rdnr. 29; *Palandt / Diederichsen*, Bürgerliches Gesetzbuch, § 1666, Anm. 7; OLG Köln, FamRZ 1973, 265 (266).

gericht Anregungen des Minderjährigen keine Folge leistete[13]. Wenn das Vormundschaftsgericht auf Anregung des Minderjährigen ein Eingreifen ablehne, wolle man dem Minderjährigen nicht „auf dem Umweg über die Beschwerde das Recht zubilligen, durch einen eigenen Antrag ein vormundschaftsgerichtliches Verfahren in Gang zu setzen"[14]. Damit wurde hier zur Voraussetzung für die Beschwerdemöglichkeit des Minderjährigen gemacht, daß das erstinstanzliche Verfahren nicht auf eine zum Antrag aufgewertete Anregung des Minderjährigen zurückging[15]. Diese Auffassung wurde wie folgt begründet: Wenn ein Minderjähriger vormundschaftsgerichtliche Maßnahmen anregt und sich mit der Beschwerde nach § 59 FGG gegen die Ablehnung wehren kann, so hat dies zur Konsequenz, daß seine Anregung Antragsqualität bekommt[16].

Diese enge Interpretation des § 59 FGG wird von der herrschenden Meinung jedoch abgelehnt[17]. Dabei wird insbesondere darauf hingewiesen, „daß derjenige, der von Gesetzes wegen mittels eines Rechtsbehelfs bestimmte Einwirkungsmöglichkeiten auf das Verfahren hat, diese zur Vermeidung des Rechtsbehelfs schon vorher geltend machen kann"[18]. Aber nicht nur das uneingeschränkte Beschwerderecht des über 14jährigen wird befürwortet, sondern damit auch ein eigenständiges Antragsrecht. Diese Forderung eines Antragsrechts des Minderjährigen beim Vormundschaftsgericht ist nicht neu[19]. Aber da auch die Neuregelung des elterlichen Sorgerechts im Jahre 1977 keine Änderung der bestehenden Rechtslage gebracht hat, bleibt das Verlangen nach dem eigenständigen Antragsrecht des Minderjährigen begründet[20].

---

[13] Vgl. dazu OLG Stuttgart, Die Justiz 1962, 293; *Staudinger / Göppinger*, Kommentar zum Bürgerlichen Gesetzbuch, § 1666, Rz. 369 sowie Anhang zu § 1666 Rz. 355 (II. Absatz).

[14] So das OLG Stuttgart, Die Justiz 1962, 293, das aber nunmehr seine Ansicht ausdrücklich aufgegeben hat: OLG Stuttgart, FamRZ 1974, 538 (540).

[15] Siehe dazu *Hinz*, Kindesschutz als Rechtsschutz und elterliches Sorgerecht, S. 47.

[16] Vgl. OLG Stuttgart, Die Justiz 1962, 293.

[17] *Hinz*, Kindesschutz als Rechtsschutz und elterliches Sorgerecht, S. 46 ff. (m. w. Nw. auf S. 47, Anm. 16); *Jansen*, FGG, § 59, Rdnr. 12; *Soergel / Lange*, Bürgerliches Gesetzbuch, § 1666, Rdnr. 57 m. Hw. auf OLG Hamm, FamRZ 1974, 29 f.; *Kuntze*, in: Keidel / Kuntze / Winkler, Freiwillige Gerichtsbarkeit, Teil A, § 59, Rdnr. 2 a m. w. Nw. in Fn. 4; offengelassen: OLG Köln, FamRZ 1973, 265 (266).

[18] *Hinz*, Kindesschutz als Rechtsschutz und elterliches Sorgerecht, S. 50.

[19] *Krüger*, FamRZ 1956, 329 (334) m. w. Nw. in Anm. 45.

[20] *Hinz*, Kindesschutz als Rechtsschutz und elterliches Sorgerecht, S. 51; *Lempp*, ZblJugR 1974, 124 (137); *Krüger*, FamRZ 1956, 329 (334 f.) will dieses Antragsrecht entsprechend § 1612 II Satz 2 BGB, § 3 III EheG herleiten; *Schwab*, JZ 1970, 742 (747) plädiert in diesem Zusammenhang dafür, dem Minderjährigen „mit Vollendung des 15. oder 16. Lebensjahrs (dem typischen Zeitpunkt der Entscheidung oder Vorentscheidung für den Beruf) ein formel-

6.6 Kritik an der Rechtslage

6.6.1 Prozeßfähigkeit Minderjähriger im Verwaltungsprozeß

Die dargestellte Rechtslage bedarf insbesondere in zwei Punkten der kritischen Überprüfung. Zunächst ist auf die Prozeßfähigkeit im Verwaltungsprozeß (bzw. Handlungsfähigkeit im Verwaltungsverfahren) einzugehen. Den die Geschäftsfähigkeit regelnden Normen liegt eine Abwägung des Vertrauensschutzes des Rechtsverkehrs und damit der Rechtssicherheit gegen den Schutz des nur beschränkt Geschäftsfähigen zugrunde. Die Festlegung bestimmter Altersgrenzen zur Regelung der Geschäftsfähigkeit im BGB soll den Besonderheiten rechtsgeschäftlichen Handelns gerecht werden. Dieser Bezug speziell auf rechtsgeschäftliches Handeln rechtfertigt es nicht, die starren Altersgrenzen des bürgerlichen Rechts ganz allgemein für die Festlegung der Handlungsfähigkeit im Verwaltungsverfahren und der Prozeßfähigkeit im Verwaltungsprozeß zu übernehmen.

Die Rechts- und Interessenlage im Verwaltungsrecht ist der im Bereich des bürgerlichen Rechts nicht vergleichbar. In letzterem stehen sich die Geschäftspartner gleichgeordnet gegenüber und können ihre Rechtsbeziehungen grundsätzlich im Rahmen der Vertragsfreiheit abwickeln. Die gegebenen Handlungsspielräume bergen für die Vertragspartner die Gefahr, sich durch Unkenntnis oder Unverständnis der Situation Schaden zuzufügen. Deshalb braucht hier der Minderjährige Schutz. Dagegen handelt der Staat gegenüber dem Minderjährigen in aller Regel hoheitlich. Dabei ist die Verwaltung nach Art. 20 Abs. 3 GG in ihrem Handeln gegenüber Minderjährigen wie Volljährigen an Gesetz und Recht gebunden. Auch auf seiten des Minderjährigen sind die möglichen Handlungsalternativen nicht so vielfältig wie im bürgerlichen Recht. Die Wahrscheinlichkeit, daß er sich hier durch Fehlverhalten Schaden zufügt erscheint gering zu sein. In diesem Zusammenhang ist beispielsweise auf den Schulbereich hinzuweisen, in dem ein Minderjähriger vorrangig in Rechtsbeziehung zum Staat tritt. In dem vorangestellten Fall ist es kaum zu begründen, warum es der Schülerin nicht selbst überlassen ist, auf die Nichtversetzung zu reagieren. Die Gründe, die für eine beschränkte Geschäftsfähigkeit und gegen zivilprozessuale Prozeßfähigkeit eines Minderjährigen sprechen mögen, rechtfertigen keine Übertragung auf den verwaltungsrechtlichen Bereich. Das Argument des Schutzes Minderjähriger vor übereilten rechts-

---

les Antragsrecht einzuräumen, mit dessen Hilfe er bei Divergenzen mit den Eltern über wichtige Fragen der Lebensführung eine Beratung des Vormundschaftsgerichts und ... eine gerichtliche Entscheidung herbeiführen kann"; a. A. ausdrücklich *Gernhuber*, FamRZ 1962, 89 (91 Anm. 24).

geschäftlichen Verpflichtungen findet im Verhältnis des Minderjährigen zum Staat keine Entsprechung.

So wie die materielle Rechtslage des bürgerlichen Rechts kaum eine direkte Parallele im Verwaltungsrecht findet, ist auch der Zivilprozeß mit dem Verwaltungsprozeß nicht ohne weiteres zu vergleichen. Hinzuweisen ist hier auf die unterschiedlichen Prozeßmaximen im Zivil- und Verwaltungsprozeß. Während der Zivilprozeß überwiegend vom Verhandlungsgrundsatz beherrscht wird, gilt im Verwaltungsprozeß der Untersuchungsgrundsatz. Danach obliegt dem Gericht die Erforschung des wahren Sachverhalts ohne Rücksicht auf den Vortrag der Beteiligten[21]. Neben der (auch im Zivilprozeß) bestehenden Aufklärungspflicht des Vorsitzenden (§ 86 III VwGO) wäre der Minderjährige aufgrund des Untersuchungsgrundsatzes auch von Verantwortung für vollständigen Sachvortrag entlastet. Diese Gesichtspunkte sprechen für eine vom geltenden Recht abweichende Regelung der Prozeßfähigkeit Minderjähriger im Verwaltungsprozeß. Es müßten andere Kriterien — unabhängig von den starren Altersgrenzen der Geschäftsfähigkeit bürgerlichen Rechts — gefunden werden um festzulegen, ob einem Minderjährigen zuzugestehen ist, sich selbst gegen Maßnahmen hoheitlicher Gewalt zur Wehr zu setzen.

6.6.2 Erweiterte Prozeßfähigkeit im Verfassungsbeschwerdeverfahren

Der zweite Kritikpunkt knüpft an die sog. „erweiterte" Prozeßfähigkeit im Verfassungsbeschwerdeverfahren an. In diesem Zusammenhang ist zunächst festzustellen, daß im Hinblick auf die konkret vom Bundesverfassungsgericht entschiedenen Fälle die Rechtsprechung zur Prozeßfähigkeit im Verfassungsbeschwerdeverfahren an Relevanz verloren hat[22]. Die Herabsetzung des Volljährigkeitsalters am 1. Januar 1975 von 21 auf 18 Jahre löste das Problem von Verfassungsbeschwerden minderjähriger Wehrpflichtiger. Auch der Fall eines minderjährigen Wahlberechtigten ist nicht mehr denkbar. Besondere Bedeutung behält hingegen die Aussage des Bundesverfassungsgerichts über den Einfluß der Ausgestaltung der einzelnen Grundrechte auf die Prozeßfähigkeit im Verfassungsbeschwerdeverfahren. Hier wird das Problem der Grundrechtsmündigkeit angesprochen. Wird im Einzelfall einem Minderjährigen die Ausübung eines Rechts zugestanden (z. B. Wahl des religiösen Bekenntnisses nach Art. 4 GG i. V. m. dem Gesetz über die religiöse Kindererziehung), so soll ihm auch die Einlegung

---

[21] *Eyermann / Fröhler*, Verwaltungsgerichtsordnung, § 86, Rdnr. 1.
[22] *Schmidt-Bleibtreu*, in: Maunz / Schmidt-Bleibtreu, Bundesverfassungsgerichtsgesetz, § 90, Rdnr. 35 m. w. Nw.

einer Verfassungsbeschwerde möglich sein. Es stellt sich im Hinblick auf die Argumentation des Bundesverfassungsgerichts jedoch die Frage, was dem im Verfassungsbeschwerdeverfahren ausnahmsweise Prozeßfähigen diese Ausnahme nützt, wenn die Verfassungsbeschwerde die Erschöpfung des Rechtswegs voraussetzt, der Minderjährige aber in diesen „Vor"verfahren nicht prozeßfähig ist? Dieser Zusammenhang verdeutlicht, daß die Prozeßfähigkeit im Verfassungsbeschwerdeverfahren nicht sinnvoll von der Prozeßfähigkeit im Verwaltungsprozeß unterschieden werden kann. Auch die Regelung des § 90 II 2 BVerfGG, die eine Ausnahme vom Erfordernis der Rechtswegerschöpfung nur unter engen Voraussetzungen zuläßt, hilft der Notwendigkeit nicht ab, die Prozeßfähigkeit im Verwaltungs- und Verfassungsbeschwerdeverfahren einheitlich festzulegen.

6.7 Eigene Lösungsansätze

Wird auch dem Minderjährigen die Ausübung seiner Grundrechte zugestanden, so muß dies prozessuale Konsequenzen haben, da der Prozeß der Durchsetzung materieller Rechte dient[23]. Auch wenn die Innehabung eines materiellen Rechts nicht zwingend das Recht zu dessen prozessualer Durchsetzung nach sich zieht, läßt sich beides doch nicht gänzlich trennen. So kann Fehnemann nicht zugestimmt werden, wenn sie ausführt: „Inhaltliche Handlungsfähigkeit ohne Altersbindung kann also prinzipiell kein Anknüpfungspunkt für prozessuale Handlungsfähigkeit des Minderjährigen sein[24]."

Auszugehen ist von Art. 19 Abs. 4 GG, wonach jedem, der durch die öffentliche Gewalt in seinen Rechten verletzt ist, der Rechtsweg offensteht. Art. 19 Abs. 4 GG gilt nach h. M. für Minderjährige ebenso wie für Volljährige[25]. Fraglich ist, ob der Rechtsweggarantie dadurch genügt ist, daß für den Minderjährigen dessen gesetzliche Vertreter handeln.

Die Verweisung Minderjähriger an ihre gesetzlichen Vertreter hat, soweit es um die Durchsetzung der Grundrechte der Minderjährigen gegenüber dem Staat geht, gute Gründe für sich. In der Regel werden die Eltern die engagiertesten Vertreter der Interessen ihrer Kinder

---

[23] *Henckel*, Prozeßrecht und materielles Recht, S. 62.
[24] *Fehnemann*, Die Innehabung und Wahrnehmung von Grundrechten im Kindesalter, S. 47; wie Fehnemann auch *Dürig*, in: Maunz / Dürig, Grundgesetz, Art. 19 Abs. III, Rdnr. 27.
[25] Vgl. *Fehnemann*, Die Innehabung und Wahrnehmung von Grundrechten im Kindesalter, S. 30, m. w. Nw. in Fn. 59.

sein. Auch sind sie allgemein über Bedürfnisse und Sorgen ihrer Kinder gut informiert. Das alles aber gilt nur in einer „intakten" Familie. Wie aber steht es, wenn das Verhältnis zwischen Eltern und Minderjährigen gestört ist, wie, wenn die Eltern sich für die Interessen und Rechte ihrer Kinder nicht einsetzen wollen oder können? Ein Erwachsener würde sich in einer solchen Situation einen anderen Anwalt suchen, einen, der seine Interessen besser (in seinem Sinn) vertritt. Was aber kann ein Minderjähriger tun?

Im Rahmen des elterlichen Sorgerechts nach § 1626 BGB sind die Eltern zur Sorge für die Person und das Vermögen des Kindes berechtigt und verpflichtet. Dazu gehört auch die prozessuale Vertretung des Minderjährigen. Die Ausübung des Sorgerechts wird nach Art. 6 Abs. 2 Satz 2 GG, § 1666 BGB vom Staat überwacht. Welche Möglichkeiten hat nun das Kind, um seine prozessuale Vertretung durch die Eltern zu erzwingen?

Dieser Fragestellung liegt das Bewußtsein zugrunde, daß den Interessen des Kindes nicht in jedem Fall durch vormundschaftsgerichtliches Eingreifen gedient ist[26]. Zum einen kann ein solches Verfahren selbst mit Vernehmungen und Anhörungen des Kindes zusätzlich zu erheblichen psychischen Belastungen führen. Zum anderen kann sich das vormundschaftsgerichtliche Verfahren belastend auf das ohnehin schon gestörte Familienleben auswirken, Standpunkte können sich verhärten und neue Aggressionen entstehen. Diese Probleme liegen jedoch letztlich jeder rechtlichen Auseinandersetzung zugrunde, in der persönliche Bindungen eine Rolle spielen. Den Gegnern staatlicher Eingriffsmöglichkeiten in diese persönlichen, familiären Bereiche aber ist entgegenzuhalten, daß ihr Standpunkt die Gefahr birgt, familiäre Machtstrukturen zu verdecken, die durch physischen und psychischen Zwang einerseits, Unverständnis, Fehleinschätzung und Gleichgültigkeit andererseits dem Wohl des Kindes entgegenstehen. Insofern hat die Fragestellung wohl ihre Berechtigung.

Zivilrechtlich besteht keine Möglichkeit des Kindes, die pflichtgemäße Ausübung der elterlichen Sorge zu erzwingen. Weder kann die Vornahme bestimmter Handlungen, noch das Unterlassen pflichtwidriger Handlungen vom Minderjährigen begehrt werden[27]. Allein das Vormundschaftsgericht kann bei Vorliegen der Voraussetzungen des § 1666 BGB eingreifen. Auch hier steht dem Kind jedoch kein Antragsrecht zu[28]. Daher ist elterliches Fehlverhalten denkbar, das vom Staat toleriert wird[29]. Intention des Art. 6 Abs. 2 Satz 1 GG ist, den Privatbereich

---

[26] Vgl. dazu auch *Zenz*, Kindesmißhandlung und Kindesrechte, S. 72.
[27] *Gernhuber*, Familienrecht, § 49 VIII 2 (S. 734).
[28] Siehe oben Kap. 6.2.

6.7 Eigene Lösungsansätze

der Familie weitgehend unangetastet zu lassen. Daraus wird verständlich, daß die Eingriffsmöglichkeiten des Staates hier sehr beschränkt sind. Nicht einzusehen ist dagegen, daß selbst in den Fällen, in denen das Vormundschaftsgericht eingreifen kann, dem Kind kein Antragsrecht zusteht.

Um die Selbstbestimmung des Minderjährigen zu sichern, verlangt die Rechtsweggarantie des Art. 19 Abs. 4 GG, daß der Minderjährige bei der prozessualen Durchsetzung seiner Rechte nicht bedingungslos an das Wohlwollen seiner gesetzlichen Vertreter gebunden ist, das er im übrigen nicht durch vormundschaftsgerichtliche Entscheidung erzwingen kann. Dieser Forderung könnte dadurch Rechnung getragen werden, daß die Anwendung bereits geltender Normen auf Minderjährige ausgedehnt würde. So kann das Vormundschaftsgericht im Verwaltungsverfahren gemäß § 16 I Nr. 4 VwVfG für den Minderjährigen einen Vertreter bzw. das Verwaltungsgericht nach § 67 II 2 VwGO einen Bevollmächtigten bestellen oder einen Beistand hinzuziehen[30]. Dadurch wäre gewährleistet, daß dem Minderjährigen die Unterstützung eines Erwachsenen zuteil wird. Andererseits wäre der Minderjährige nicht mehr ausschließlich an seine gesetzlichen Vertreter gebunden. Auf diese Weise könnte der Rechtsweggarantie des Art. 19 Abs. 4 GG genügt werden, ohne daß es eines zivilrechtlichen „Vorverfahrens" wegen Verletzung des elterlichen Sorgerechts bedürfte. Damit würde ein direktes Eingreifen des Staates in die Familie vermieden. Zwar fließen die Spannungen in der Familie auch so in das Verwaltungs(gerichts)verfahren mit ein, allein weil der Minderjährige nicht durch seine Eltern vertreten wird. Dennoch wäre diese Frage nicht Verhandlungsgegenstand und damit nicht Mittelpunkt des Verfahrens. Geltende Rechtsnormen bieten somit bereits Ansatzpunkte zur wirksamen prozessualen Durchsetzung der Grundrechte Minderjähriger.

---

[29] *Gernhuber*, Familienrecht, § 49 VIII 3 (S. 735); ohne ein eigenes Antragsrecht des Minderjährigen hilft insofern die Feststellung von *Dürig*, in: Maunz/Dürig, Grundgesetz, Art. 19 Abs. III, Rdnr. 27 („Wenn die Verweigerung der Zustimmung der Eltern zum Prozeß gegen § 1666 BGB verstößt, ist sie durch das Vormundschaftsgericht zu erteilen") allein nicht weiter.

[30] *Lempp*, ZblJugR 1974, 124 (137), will eine Institution des Jugendanwalts schaffen, an den sich Minderjährige jeden Alters wenden können; *Zenz*, Kindesmißhandlung und Kindesrechte, S. 415, schlägt vor, „eine neutrale Instanz mit entsprechender Kompetenz sowie hinreichender personeller und sachlicher Ausstattung zu schaffen, eine Art Kinderschutzbeauftragten also, der für die Wahrnehmung der Interessen gefährdeter Kinder in- und außerhalb des gerichtlichen Verfahrens zuständig ist. Eine solche Instanz könnte als Anlaufstelle für Konflikte und Probleme von Kindern dienen, behördliche und sonstige Hilfe vermitteln (ähnlich wie z. B. die Kinderschutzärzte in den Niederlanden) sowie befugt sein, Kindesinteressen auch in gerichtlichen Verfahren zu vertreten."

7. Zusammenfassung

Während in Literatur und Rechtsprechung bereits weitgehend anerkannt ist, daß auch Minderjährige grundrechtsfähig sind, wird ihnen die selbständige Ausübung ihrer Grundrechte grundsätzlich nicht zugebilligt.

Aus dem Grundgesetz läßt sich eine derartige Differenzierung zwischen Volljährigen und Minderjährigen nicht herleiten. Vielmehr verlangt die Menschenwürde das Recht Minderjähriger, sich dem Staat gegenüber auf die durch die Grundrechte gesicherten Freiräume auch selbst berufen zu können. Die Einführung der Grundrechtsmündigkeit als Voraussetzung selbständiger Grundrechtsausübung ist weder geboten noch erforderlich. Die Unterscheidung zwischen Grundrechtsfähigkeit und Grundrechtsmündigkeit, die überhaupt nur getroffen werden kann, soweit das Grundrecht nicht die Selbstbestimmung als solche schützt, erübrigt sich damit insgesamt.

Die Analyse der Auswirkungen dieser These hat ergeben, daß die Anerkennung genereller Grundrechtsgeltung für Minderjährige nicht zu untragbaren Ergebnissen führt. Bestehende Gesetzesvorbehalte und grundrechtsimmanente Schranken reichen aus, um die Wahrnehmung der Grundrechte durch den Minderjährigen so zu begrenzen, daß dieser selbst und andere vor Schaden bewahrt werden, der durch die Grundrechtsausübung entstehen könnte.

Die Grundrechtsgeltung für Minderjährige erfährt auch durch das Elternrecht keine Beschränkung, die über das bereits im Grundgesetz normierte Zusammenspiel von Grundrechten des Minderjährigen und Elternrecht hinausgeht. Das Elternrecht beinhaltet nicht das Recht der Eltern zur Ausübung der Grundrechte des Minderjährigen. Dem Staat gegenüber kann ein Handeln der Eltern aufgrund des Elternrechts nur dann die Grundrechtsausübung durch das Kind selbst ausnahmsweise verdrängen, wenn die Eltern darlegen können, daß sich das Kind selbst oder anderen Schaden zufügen würde. Im einzelnen ist die rechtliche Lösung von Konflikten zwischen Eltern und Kindern Aufgabe des einfachen Gesetzgebers, der seinerseits jedoch an die Wertordnung der Grundrechte gebunden ist. Das bedeutet, daß der Gesetzgeber zu berücksichtigen hat, daß grundsätzlich die Selbstbestimmung des Minderjährigen Vorrang hat vor staatlicher oder elterlicher Fremdbestimmung.

Diese materielle Rechtslage muß eine prozessuale Entsprechung finden. Nach geltendem Prozeßrecht ist der Minderjährige — obwohl ihm die Grundrechte zur selbständigen Ausübung zustehen — zur prozessualen Durchsetzung dieser Rechte nicht befugt. Es erscheint notwendig, die Abhängigkeit Minderjähriger von ihren gesetzlichen Vertretern bei der Durchsetzung ihrer Rechte zu lockern und zusätzliche Möglichkeiten der Vertretung oder Unterstützung der Kindesinteressen zu schaffen.

Literaturverzeichnis

Bachof, Otto: Zum Apothekenurteil des Bundesverfassungsgerichts, Juristenzeitung 1958, S. 468 - 471
(zit.: Bachof, JZ)

Baumbach, A. / *Lauterbach*, W. / *Albers*, J. / *Hartmann*, P.: Zivilprozeßordnung mit Gerichtsverfassungsgesetz und anderen Nebengesetzen, 40. Auflage, München 1982

Becker, Walter: Weichendes Elternrecht — wachsendes Kindesrecht, Recht der Jugend, 1970, S. 364 - 367
(zit.: Becker, RdJ)

Beitzke, Günther: Mündigkeit und Minderjährigenschutz, Archiv für die civilistische Praxis, 172. Band (1972) S. 240 - 265
(zit.: Beitzke, AcP)

Bosch, Friedrich Wilhelm: Anmerkung zum BGH-Urteil vom 15. 12. 1958, Zeitschrift für das gesamte Familienrecht 1959, S. 200 (202 f.)
(zit.: Bosch, FamRZ)

— Rückblick und Ausblick, Zeitschrift für das gesamte Familienrecht 1980, S. 739 - 749
(zit.: Bosch, FamRZ)

Deutscher Juristentag: Schule im Rechtsstaat, Band I, Entwurf für ein Landesschulgesetz, Bericht der Kommission Schulrecht des Deutschen Juristentages, München 1981
(zit.: DJT, Schule im Rechtsstaat)

Diederichsen, Uwe: Zur Reform des Eltern-Kind-Verhältnisses, Zeitschrift für das gesamte Familienrecht 1978, S. 461 - 474
(zit.: Diederichsen, FamRZ)

Enneccerus, L. / *Nipperdey*, H. C.: Allgemeiner Teil des Bürgerlichen Rechts, Ein Lehrbuch; Erster Halbband, 15. Auflage, Tübingen 1959

Erman, Walter: Handkommentar zum Bürgerlichen Gesetzbuch, 2. Band, 6. Auflage, Münster 1975
(zit.: Erman / Bearbeiter [Ronke], BGB)

Eyermann, E. / *Fröhler*, L.: Verwaltungsgerichtsordnung, Kommentar, 8. Auflage, München 1980

Fehnemann, Ursula: Über die Ausübung von Grundrechten durch Minderjährige, Recht der Jugend, 1967, S. 281 - 287
(zit.: Fehnemann, RdJ)

— Die Innehabung und Wahrnehmung von Grundrechten im Kindesalter, Berlin 1983

Franke, Monika: Grundrechte des Schülers und Schulverhältnis, Neuwied und Berlin 1974

Literaturverzeichnis

Gefaeller, Wolfgang: Entstehung und Bedeutungswandel der Arbeitsmündigkeit (§ 113 BGB), Berlin 1968

Gernhuber, Joachim: Elterliche Gewalt heute, Eine grundsätzliche Betrachtung, Zeitschrift für das gesamte Familienrecht 1962, S. 89 - 96
(zit.: Gernhuber, FamRZ)

— Lehrbuch des Familienrechts, 3. Auflage, München 1980

Groß, Rolf: Zur Zulässigkeit der Zensur bei Schülerzeitschriften, Recht der Jugend 1965, S. 149 - 151
(zit.: Groß, RdJ)

Haff, Karl: Institutionen des Deutschen Privatrechts auf rechtsvergleichender und soziologischer Grundlage zugleich Einführung ins bürgerliche Recht, Band I, Stuttgart 1927
(zit.: Haff, Institutionen des Deutschen Privatrechts)

Hamann, A. / *Lenz*, H.: Das Grundgesetz für die Bundesrepublik Deutschland vom 23. Mai 1949. Ein Kommentar für Wissenschaft und Praxis, 3. Auflage, Neuwied und Berlin 1970
(zit.: Hamann / Lenz, Grundgesetz-Kommentar)

Heckel, H. / *Seipp*, P.: Schulrechtskunde, 5. Auflage, Neuwied und Darmstadt 1976

Henckel, Wolfram: Prozeßrecht und materielles Recht, Göttingen 1970

Hesse, Konrad: Grundzüge des Verfassungsrechts der Bundesrepublik Deutschland, 13. Auflage, Heidelberg 1982
(zit.: Hesse, Grundzüge des Verfassungsrechts)

Hinz, Manfred: Kindesschutz als Rechtsschutz und elterliches Sorgerecht, Paderborn 1976

Jansen, Paul: FGG, Kommentar, Zweiter Band, 2. Auflage, Berlin 1970

Jellinek, Walter: Verwaltungsrecht, 3. Auflage, Berlin 1931

Jhering, Rudolf von: Geist des römischen Rechts auf den verschiedenen Stufen seiner Entwicklung, Teil 3, 9. Auflage, Aalen 1968

Keidel, T. / *Kuntze*, J. / *Winkler*, K.: Freiwillige Gerichtsbarkeit, Teil A, 11. Auflage, München 1978

Kittner, Michael: Zur Grundrechtsmündigkeit Minderjähriger am Beispiel der Koalitionsfreiheit (Art. 9 Abs. 3 GG), Arbeit und Recht 1971, S. 280 - 291
(zit.: Kittner, AuR)

Kommentar zum Bonner Grundgesetz (Bonner Kommentar): Hamburg, 44. Lieferung, März 1982,
(zit.: Bearbeiter [v. Münch, Zippelius / Büttner] in: Bonner Kommentar)

Kopp, Ferdinand O.: Verwaltungsgerichtsordnung, 5. Auflage, München 1981

Krüger, Hildegard: Grundrechtsausübung durch Jugendliche (Grundrechtsmündigkeit) und elterliche Gewalt, Zeitschrift für das gesamte Familienrecht 1956, S. 329 - 335
(zit.: Krüger, FamRZ)

Kube, Dietmar: Zur Problematik des Gewerkschaftsbeitritts eines Minderjährigen, Der Betrieb 1968, S. 1126 - 1130
(zit.: Kube, DB)

Kuhn, Gustav: Grundrechte und Minderjährigkeit, Die Einwirkung der Verfassung auf die Rechtsstellung junger Menschen, Neuwied und Berlin 1965

Lechner, Hans: Bundesverfassungsgerichtsgesetz, 3. Auflage, München 1973

Lempp, Reinhart: Kindeswohl und Kindesrecht, Zentralblatt für Jugendrecht und Jugendwohlfahrt 1974, S. 124 - 138
(zit.: Lempp, ZblJugR)

Leuschner, Albrecht: Das Recht der Schülerzeitungen, Berlin 1966

Lüderitz, Alexander: Elterliche Sorge als privates Recht, Archiv für die civilistische Praxis, 178. Band (1978), S. 263 - 297
(zit.: Lüderitz, AcP)

Luhmann, Niklas: Rechtssystem und Rechtsdogmatik, Stuttgart 1974

v. Mangoldt, H. / *Klein*, F.: Das Bonner Grundgesetz, Band I, 2. Auflage, Berlin und Frankfurt 1966

Maunz, Th. / *Dürig*, G. / *Herzog*, R. / *Scholz*, R.: Grundgesetz, Kommentar, Band I, 3. Auflage, München, 21. Ergänzungslieferung, April 1983
(zit.: Bearbeiter in: Maunz / Dürig, Grundgesetz)

Maunz, Th. / *Schmidt-Bleibtreu*, B. / *Klein*, F. / *Ulsamer*, G.: Bundesverfassungsgerichtsgesetz, Kommentar, München, 7. Ergänzungslieferung, September 1979
(zit.: Bearbeiter [Schmidt-Bleibtreu] in: Maunz / Schmidt-Bleibtreu, Bundesverfassungsgerichtsgesetz)

Maunz, Th. / *Zippelius*, R.: Deutsches Staatsrecht, 24. Auflage, München 1982

Müller-Freienfels, Wolfram: Die Vertretung beim Rechtsgeschäft, Tübingen 1955

Münch, Ingo von: Grundgesetz-Kommentar, Band 1, 2. Auflage, München 1981, Band 3, 1. Auflage, München 1978
(zit.: Bearbeiter [Hemmrich, Rauball] in: v. Münch, Grundgesetz-Kommentar)

Mutius, Albert von: Grundrechtsfähigkeit, Jura 1983, S. 30 - 42
(zit.: v. Mutius, Jura)

Nipperdey, Hans Carl: Boykott und freie Meinungsäußerung, Deutsches Verwaltungsblatt 1958, S. 445 - 452
(zit.: Nipperdey, DVBl)

— Die Würde des Menschen, in: Neumann, F. L. / Nipperdey, H. C. / Scheuner, U., Die Grundrechte, Handbuch der Theorie und Praxis der Grundrechte, Zweiter Band, 2. Auflage, Berlin 1968
(zit.: Nipperdey, Die Grundrechte II)

Ossenbühl, Fritz: Treuhänderische Wahrnehmung von Grundrechten der Kinder durch die Eltern, Zeitschrift für das gesamte Familienrecht 1977, S. 533 - 534
(zit.: Ossenbühl, FamRZ)

— Das elterliche Erziehungsrecht im Sinne des Grundgesetzes, Berlin 1981

Palandt, Otto: Bürgerliches Gesetzbuch, 42. Auflage, München 1983
(zit.: Palandt-Bearbeiter [Diederichsen] Bürgerliches Gesetzbuch)

Perschel, Wolfgang: Die Meinungsfreiheit des Schülers, Berlin, Neuwied 1962

— Grundrechtsmündigkeit und Elternrecht, Recht der Jugend 1963, S. 33 - 37
(zit.: Perschel, RdJ)

Peters, Hans: Elternrecht, Erziehung, Bildung und Schule, in: Bettermann, K. A. / Nipperdey, H. C. / Scheuner, U., Die Grundrechte, Handbuch der Theorie und Praxis der Grundrechte, Vierter Band, Erster Halbband, Berlin 1960
(zit.: Peters, Die Grundrechte IV 1)

Pfeiffer, Gerd: Die Verfassungsbeschwerde in der Praxis: Mit einer Darstellung des Normenkontrollverfahrens auf Antrag eines Gerichts, Essen 1959

Philippi, Klaus Jürgen: Tatsachenfeststellungen des Bundesverfassungsgerichts, Ein Beitrag zur rational-empirischen Fundierung verfassungsgerichtlicher Entscheidungen, Köln, Berlin, Bonn, München 1971

Podlech, Adalbert: Wertungen und Werte im Recht, Archiv des öffentlichen Rechts, 95. Band (1970), S. 185 - 223
(zit.: Podlech, AöR)

Redeker, K. / *v. Oertzen*, H.-J.: Verwaltungsgerichtsordnung, Kommentar, 7. Auflage, Stuttgart, Berlin, Köln, Mainz 1981

Reuter, Dieter: Kindesgrundrecht und elterliche Gewalt, Berlin 1968
— Die Grundrechtsmündigkeit — Problem oder Scheinproblem? Zeitschrift für das gesamte Familienrecht 1969, S. 622 - 625
(zit.: Reuter, FamRZ)

Saage, E. / *Göppinger*, H.: Freiheitsentziehung und Unterbringung, Kurzkommentar, 2. Auflage, München 1975

Schmitt Glaeser, Walter: Das elterliche Erziehungsrecht in staatlicher Reglementierung, Bielefeld 1980

Schmitt-Kammler, Arnulf: Elternrecht und schulisches Erziehungsrecht nach dem Grundgesetz, Berlin 1983

Schwab, Dieter: Gedanken zur Reform des Minderjährigenrechts und des Mündigkeitsalters, Juristenzeitung 1970, S. 745 - 753
(zit.: Schwab, JZ)

Schwerdtner, Eberhard: Kindeswohl oder Elternrecht? Zum Problem des Verhältnisses von Grundrechtsmündigkeit und Elternrecht, Archiv für die civilistische Praxis, 173. Band (1973), S. 227 - 249
(zit.: Schwerdtner, AcP)

Soergel, Hs. Th.: Bürgerliches Gesetzbuch mit Einführungsgesetz und Nebengesetzen, Band 6, Familienrecht, 11. Auflage, Stuttgart, Berlin, Köln, Mainz 1981
(zit.: Soergel / Bearbeiter [Lange], Bürgerliches Gesetzbuch)

Staudinger, J. v.: Kommentar zum Bürgerlichen Gesetzbuch mit Einführungsgesetz und Nebengesetzen, IV. Band, Familienrecht, Teil 3a, 10./11. Auflage, Berlin 1966
(zit.: Staudinger / Bearbeiter [Donau, Göppingen] Kommentar zum Bürgerlichen Gesetzbuch)

Steffen, Erich: Grundrechtsmündigkeit, Recht der Jugend 1971, S. 143 - 149
(zit.: Steffen, RdJ)

Stein, Ekkehart: Das Recht des Kindes auf Selbstentfaltung in der Schule, Neuwied 1967

— Staatsrecht, 8. Auflage, Tübingen 1982

Stöcker, Hans A.: Beschränkte Mündigkeit Heranwachsender — ein Verfassungspostulat, Zeitschrift für Rechtspolitik 1974, S. 211 -214
(zit.: Stöcker, ZRP)

Tilch, Horst: Der Rechtsschutz gegen Verwaltungsakte im Schulverhältnis, Dissertation München, 1961

Windscheid, B. / *Kipp*, T.: Lehrbuch des Pandektenrechts, Erster Band, 9. Auflage, Frankfurt 1906

Wintrich, J. M.: Die Bedeutung der „Menschenwürde" für die Anwendung des Rechts, Bayerische Verwaltungsblätter 1957, S. 137 - 140
(zit.: Wintrich, BayVBl)

Wolff, H. J. / *Bachof*, O.: Verwaltungsrecht I, 9. Auflage, München 1974

Woltereck, Frank: Der Gewerkschaftsbeitritt Minderjähriger (I. Teil), Arbeit und Recht 1965, S. 193 - 197
(zit.: Woltereck, AuR)

Zenz, Gisela: Kindesmißhandlung und Kindesrechte, Erfahrungswissen, Normstruktur und Entscheidungsrationalität, Frankfurt am Main 1981

Zuck, Rüdiger: Die Verfassungsbeschwerde, München 1973

Zweigert, Konrad: Die Verfassungsbeschwerde, Juristenzeitung 1952, S. 321 bis 328
(zit.: Zweigert, JZ)

Printed by Libri Plureos GmbH
in Hamburg, Germany